CLAUDIO NUNES RIBEIRO

Contos de
Uma Vida

2017

São José dos Campos - SP

 **Polo**Books

IMAGEM DE CAPA: Estefânia Coelho Nunes Ribeiro
REVISÃO: Eulália Érica Dutra dos Santos
EDITORAÇÃO: PoloBooks
IMPRESSÃO: PoloPrinter

1ª edição: Setembro de 2017

Dados Internacionais de Catalogação na Publicação (CIP)

Contos de uma vida / Claudio Nunes Ribeiro. -- 1ª ed. São José dos Campos - SP : PoloBooks, 2017.

100 p.; 14 x 21cm.

ISBN: 978-85-5522-205-4

1. Literatura brasileira. 2. Contos. I. Título

CDD B869

Índice para catálogo sistemático:
1 Literatura brasileira : 2 Contos

2017

Gráfica PoloPrinter
11 . 3791.2965 11 . 98393.7000
www.poloprinter.com.br
atendimento@poloprinter.com.br
 polo.books

Conteúdo

Prelúdio

A mulher, no canto da sala, encarou-me como se eu fosse o culpado de seu estado. Já me acostumei a ver aquele olhar assustado. Os semblantes são quase os mesmos, um rosto pálido em um tom azulado, como se estivesse congelando. Os olhos arroxeados e profundos, a boca enegrecida e manchas pelo corpo que começam a destoar da pele que um dia era pulsante e quente.

Seus cabelos molhados, emaranhados e quase arrancados pelo desespero me fazem imaginar quanta agonia ela sentiu e ainda sente, sem entender o que está acontecendo e nem imagina que o pior está por vir.

Demorou um pouco para eu poder ouvir os seus lamentos e seus gritos de desespero.

– *O que aconteceu comigo? Por que estou aqui? Por que não me ouvem? Meu Deus, o que está acontecendo? Rasgaram meu corpo... Eu... Eu... Morri? Não pode ser, deve ser um sonho! Por favor, me acordem... Por favor, me ajudem!*

Imagina se eu respondesse, enquanto houvesse alguém por perto? O atendente do necrotério mandaria me internar. Coisa de doido, não é? Talvez, nem me deixariam mais trabalhar com os meus cadáveres. Mas, com certeza, vai parecer mais maluquice ainda o que vou dizer, mas... É a pura verdade.

O tempo deixa de passar para os que já não estão mais entre nós. Pode parecer um minuto para nós, mas para os que já não são mais vistos, parecem cem anos. Por isso, eu me acostumei a conversar com os meus caronas. Posso ficar horas, falando e ouvindo o que eles têm a dizer, que ao me virar e seguir meu caminho, o tempo não passou. Loucura, não é? Muitos me perguntam o motivo de eu adorar meu trabalho. Nem imaginam isso. Voltando à mulher do canto da sala...

— *Sabe o que aconteceu? Como vim parar aqui?*

Geralmente, eles esquecem o ocorrido, como morreram e o caminho que percorreram até minha mesa. Creio que deve fazer parte do processo de reencarnação, ou preparação para o sono eterno até a ressurreição, mas o fato é que assim que acontecia, sua memória ia sumindo ao poucos.

Eu não acredito muito em nenhuma dessas teorias, a reencarnação e tão pouco a ressurreição para a tal vida eterna. Mas eu não sabia o quê e porque eles continuavam ali, próximos ao corpo. E o fato de isso não ocorrer com crianças, pois até então, eu nunca tinha visto ninguém com menos de 14 ou 15 anos. Na maioria das vezes, eu dizia logo:

— *Não quero mais te ver, desapareça.*

E tudo ficava normal, sem seus lamentos e a confusão toda de suas tragédias pessoais. Ela continuava agitada e berrando feito uma doida... Uma morta doida. Tentando de todas as formas bater no caixão, fazer barulho e tentando de novo entrar no seu ex-corpo.

Fechei a porta e me despedi do atendente que rapidamente voltou para dentro. Peguei a declaração de óbito e li em voz alta:

— *Senhora Paula de Sá Silva, hora do óbito: 22:10h, causa da morte: hemorragia interna, devido a impacto. Quer que eu continue?*

Ela disse:

— *Não, por favor, não... Já estou exausta. O que vai acontecer agora? O que vai fazer comigo?*

Como sempre, eu respondi o óbvio:

– *Paula... Paula....*

Ela me encarou, como se já tivesse esquecido seu nome.

– *Você morreu em um acidente de moto, você parou em um sinal vermelho, um carro bateu na sua moto e te jogou em uma árvore. Você bateu com muita força e quebrou suas costelas, causando uma hemorragia interna.*

– *Mas, por que ainda estou aqui? Eu já não poderia ter ido para o céu, o paraíso... Será que eu vou para o inferno?*

O medo de novo voltou a assombrá-la. Paula não reclamava de ver seu corpo nu, todo machucado e costurado sobre minha mesa.

O medo era de não ir para o Céu ou um lugar bom e sem sofrimentos.

– *Paula, geralmente, os buscadores ficam nos cemitérios, raramente, eles vão a hospitais, no IML, e muito menos, no lugar onde a pessoa morre. Morrer é natural, não há esse negócio de anjo da morte ou aquela caveira de capuz preto e uma baita foice que te leva. Os buscadores é que se encarregam de levar quem fica perambulando nos cemitérios, atrás de uma motivo ou um explicação por estarem ali. Bom, vou preparar você, te limpar, te vestir, arrumar as flores no seu caixão e te levar para o seu velório, que vai ser lindo, todo mundo chorando e dizendo o quanto te adoravam e que você vai fazer muita falta e blá, blá, blá... Até as pessoas que te odiavam vão estar lá te elogiando. Depois de uma longa madrugada vendo todo mundo se lamentando e tomando cafezinho e já enjoados do cheiro de vela derretida, eu venho e te levo para o enterro.*

Virei para frente do carro e... (Adoro essa parte) nem um segundo tinha se passado, e no caminho até a funerária, deu tempo de ela se acalmar e vir sentar no banco da frente da *Blazer*. Gosto de ver como atravessam da parte fechada para a cabine.

– *Olha, dona Paula, agora que está mais calma, podemos conversar.*

Parei o carro para poder dar um pouco de paz àquela alma.

— *Primeira coisa, você está morta e nada vai mudar isso. Segunda coisa, enquanto falamos, o tempo não passa, pois como você está morta, o tempo não existe. Posso ficar o tempo que quiser, te explicando tudo. Mas precisa entender uma coisa: eu só te vejo porque você tem assuntos a terminar, algo que precisa fazer antes de ficar em paz e seguir seu caminho, para a luz ou....*

— *Ou o quê? Inferno? Meu Deus, não...*

Ela voltou a ficar apavorada...

— *Calma, calma, dona Paula... Eu não sei, desculpe por tocar nesse assunto dos caminhos... Mas precisa ver o que deixou sem terminar. É um conselho, não fique na sala de preparação.*

Quando desci o corpo de Paula, ela quis acompanhar.

— *Paula, melhor você não entrar agora. A sala de preparação pode ser perturbadora e vai ofuscar e tornar difícil de achar o que preciso em seu corpo. Assim que eu pegar sua essência, dou um jeito e venho aqui. Vamos tentar descobrir porque está aqui ainda.*

— *Minha essência? Como assim?*

Ela não sabia, alias, ninguém poderia saber sobre a essência. Quantos de nós já a sentimos e nem percebemos o quanto ela pode ser doída, prazerosa e mudar nosso sentimentos em um piscar de olhos. Sua força de mudança é tanta que muitos tiram a própria vida ao senti-la na forma mais dolorosa. Outras simplesmente a ignoram, mesmo estando em grande felicidade. Muitos colegas de trabalho, acham que faço questão de fazer a parte mais pesada e difícil, por ser "puxa-saco".

Assim que colocam o caixão no carrinho, já assumo a responsabilidade da preparação, desde a mais simples até a mais complicada. Em Paula, pediram para fazer um procedimento simples, devido à pressa que a família tinha no sepultamento.

Antes de começar o tamponamento, eu fazia uma limpeza no nariz, boca e até na garganta dos corpos que preparei. Era o modo mais fácil de pegar a essência, antes que algum apressadinho, bloqueasse o local com um tufo enorme de algodão. Isso se ela não tivesse sido arrancada na sala de autópsia e jogada dentro do lixo infectante. Mas as costuras em Paula, não iam até a garganta, isso me animou, era certeza que sua essência ainda estava lá. E tomara que bem perto da boca.

Estão curiosos sobre a essência e se ela existe mesmo? A essência existe. Não a vemos, mas quem ainda não reclamou a um médico, um parente e até mesmo a um amigo e disse:

— *"Nossa estou com uma bola na garganta de tristeza, meu peito dói de saudade ou pior, diz que é uma dor que sobe e desce."*

Já ouviram isso? Já disseram isso? Então, da mesma forma é aquele alívio que sentimos quando vemos nosso filho chegar são e salvo tarde da noite, quando recebemos a notícia de que está tudo bem e, até mesmo, a euforia de nosso time marcar um gol. Tudo isso é a nossa essência. E ela pode ter diversas cores, seu brilho pode ser intenso, ofuscada até mesmo apagada.

Devido à autópsia, Paula já não tinha mais muitos líquidos dentro de seu tórax e de seu abdome. Foi fácil pegar sua essência. Enquanto enfiava algodão limpo e seco em sua garganta e o retirava todo sujo e molhado com o sangue acumulado, eu peguei a essência de Paula. Uma cor verde intensa, parecia uma esmeralda. Rapidamente, a escondi no mangote. Tinha pressa de dar a boa notícia à Paula, afinal, era muito difícil aparecer uma cor assim, tão pulsante. Isso também era um sinal de que os buscadores da Paula eram do Bem. Quando ela entrou na sala, já a estava vestindo.

— *Por que estou assim? Achei que podia ficar como o corpo estivesse vestido. E por que não fico com vergonha de você me ver assim?*

Enfiei meu dedo sob o elástico do mangote e peguei a essência. Abri suas mãos e quando ela sentiu a luz verde, ela percebeu que não era mais um corpo de carne e osso, toda quebrada, rasgada e costurada em cima de uma mesa fria. Paula podia vestir agora o que quisesse, era só imaginar e sua luz faria tudo se tornar real.

– *Põe logo esse corpo no carro e leva; já ligaram aqui duas vezes!* (O patrão)

– *É pra já!*

Nem bem me sentei e Paula passou pela porta e se sentou.

– *Boa escolha.* – Eu disse a ela.

Estava vestida com a mesma roupa de quando levou a batida e foi jogada na árvore.

– *Fiquei desesperada, vendo eles meterem a tesoura nela. Mas mais desesperada quando me cortaram.... Claro.*

Era uma calça jeans preta com detalhes cromados, uma bota estranha, uma blusa azul escura e uma jaqueta de couro com pontas nos ombros e cotovelos.

– *Faltou o capacete, Paula!*

– *Algo me diz que não vou mais usar...*

Mas percebi que ainda assim, seu sorriso tinha um ar de tristeza. Talvez, por sua família querer um sepultamento rápido, por ter que deixar tudo que tinha para trás ou qualquer outro motivo. Sabia que pelo jeitão dela, só podia ser a ovelha negra da família. Interrompeu meus pensamentos e me perguntou:

– *Por que não me mandou embora? Gosta de morenas? (Sorrisos)*

– *Nada disso, é que você parou logo de choradeira... Não tenho muita paciência com choradeira. Está preocupada com seus buscadores, não é? Bom, por sua essência ser verde, acho que vai ser bem legal sua retirada.*

Só me olhou e sorriu, como quem diz: "me promete"?

No rápido velório, estavam pouca pessoas e poucos com cara de tristeza.

– *Por que está aqui, Paula? Vai lá ficar com seus parentes, seus pais e seus amigos.*

Saiu correndo e deu um chute em um cara abraçado com sua mãe. Juro que fiz o maior esforço para não rir, quando seus pés transpassaram pela bunda do cara.

– *De que adianta, eles nem me veem, aliás nunca me viram.*

– *Bom, já já seus buscadores vem... Então...*

– *Por favor, não diga... Não fala.. Espere eles virem me pegar, por favor!*

Eu não gostava de ver a hora que os buscadores chegavam... Quem sabe conto mais para frente o porquê! Mas acho que os dela seriam da melhor forma possível... Enquanto seu caixão era baixado para dentro da cova, ouvi um som... Era o som de uma moto potente. E foi se aproximando...

Pela entrada do cemitério, vi quando a moto começou a entrar, vinha bem devagar, fazendo aquele som de gato ronronando. O motoqueiro era um cara bem forte, mal encarado até, eu já estava para mandar ele ir embora, quando ela disse:

– *Espera, por favor.*

Uma luz começou a surgir em sua volta, era uma luz verde... Paula, começou a sorrir...

– *Não acredito... Ela começou a gritar... Gato, é você? É você mesmo, gato?*

Era seu antigo namorado... Havia morrido três anos atrás.

– *Olha só, Paula, que sorte! O seu buscador é seu antigo namorado!*

Nem deu tempo de dizer nada, quando ela sentou na moto, a luz verde sumiu e com ela, Paula e seu "gato". Estava entrando no carro, quando um rapaz veio falar comigo.

– *Moço, agora que ela está enterrada, como fazemos para receber o seguro?*

Entenderam a pressa da família? Paula tinha que ver e entender que para a família o seguro era mais importante do que ela. Ao correr e tentar chutar seus parentes, ela se desapegou e abriu caminho para seu buscador.

Paula estava livre, seus parentes ainda não!

Quem disse que temos tempo?

A maioria das pessoas, depois que deixa de ser criança, parece que se esquece de que, cada dia que se passa, estamos mais perto do fim, e deixa de viver as coisas que são realmente importantes nessa breve passagem. Conto, aqui, como isso pode ser doloroso, não para quem parte dessa nossa Aventura chamada Vida... Mas sim para quem fica, para quem esperou aquele dia, aquele momento, em que nós deixávamos nossos afazeres, nossa responsabilidade com a empresa, nosso desejo de uma promoção ou nossa ganância mesmo! E enfim, desfrutaremos de um momento de descanso, de paz, junto daqueles que amamos.

Assim foi com o pai de Rajane... Durante anos e anos, ela o convidou para que viesse ao Brasil, descansasse e aproveitasse os netos.

— *Não posso agora... Ainda tenho que deixar essas coisas prontas aqui, esta obra ainda vai levar mais uns 3 ou 4 anos... Depois, eu vou... Depois, terei muito tempo...* — Dizia ele.

O problema é que, na verdade, nenhum de nós tem tempo.

Rajane, recebe, enfim, a ligação esperada:

— *"Estou embarcando hoje* à *noite, amanhã cedo aí estarei e vou ficar por muito tempo..."* — disse seu pai...

O embarque acontece... Mas no desembarque... Ele já não estava mais lá, somente o seu corpo sem vida.

No meio do voo, uma dor... Algumas tentativas de salvá-lo, tudo em vão. O tempo que ele dizia ter, agora, tinha acabado... Ficam para trás as coisas feitas, as obras terminadas, mas... Ficam também olhos vermelhos e cheios de lágrimas, corações apertados, entristecidos, e muitos abraços e beijos que jamais serão dados.

Passo a quem possa ou queira ler esses fatos:

– Não temos tempo, temos o hoje... Temos esse minuto, escolha bem o que fazer com ele... Veja o que é realmente importante para você e mais ainda, se é importante para quem você ama... Para aqueles que te amam...

O pai de Rajane... Se foi... Não deu tempo... O que ficou, não vai tirar a saudade e aquela vontade que ficou em sua filha Rajane e em seus netos de abraçar o avô.

Tempo, é tudo o que não temos.

Esse menino é estranho

— *O que tanto observa, meu filho?*

Minha mãe ficava preocupada com minha fixação em ficar horas olhando para o mesmo lugar, ela nem notava que meus olhos se movimentavam procurando, acompanhando os que passavam e só eu via.

Minha casa era privilegiada, na melhor localização da favela, bem na entrada e de frente para a linha do trem.

Quando meu pai começou a ganhar um pouco mais de dinheiro e resolveu destruir a nos- sa casa de pau a pique ao poucos e fazer os cômodos de alvenaria, era da linha do trem que pegávamos as pedras para o concreto, que isso fique só entre nós! (Risos)

Então os mortos tinham que passer, obrigatoriamente, pelo portão da minha casa.

As vezes eu ficava horas falando com eles e ficava imaginando por que minha mãe não falava nada, foi assim que descobri.

Podia ficar horas falando com eles, mas o tempo parava para quem estava ao meu redor ou para mim, até hoje isso me confunde.

A primeira vez nem percebi, talvez porque o corpo estava desfigurado e ao falar comigo estava normal.

O corpo tinha a cabeça estourada por blocos de concreto e sua massa cerebral espalhadas pela parede semirebocada.

– Não acredito meu Deus... não acredito!

— *Ele me arrebentou por causa de um cigarro!*

— *Por que fui beber com esse cara!*

Olhei espantado para o homem agachado ao meu lado.

— *Moço, você não tem vergonha de estar aí peladão no meio do povo?*

— *Menino, você pode me ver, me ajuda, diga para eles que foi o safado do ajudante, por causa de um cigarro, ele me matou tão brutalmente por um cigarro!*

— *Tá bom, acha mesmo que vou acreditar em um peladão?*

— *Além do mais, estou atrasado, vou para a aula.*

Por pouco não entrei na escola esse dia, falar com ele não fazia o tempo passar, mas ficar olhando ele em desespero quando colocaram seu corpo no carro do IML, sim.

Quando cheguei em casa, contei para minha mãe sobre o peladão.

— *Deixa de inventar bobagens menino e vai tomar seu banho para almoçar.*

Você pode estar pensando agora: Duvido que um menino ia ficar assim tão calmo, com essa cena e com o cara pelado assim.

Pois aí que está a estranheza... Tudo sempre foi normal para mim. Eu tinha uma autoridade ao falar com eles. Se Eu dissesse: Sai fora! Eles sumiam. Pare de chorar, eles paravam. Não grite tanto... O silêncio era automático.

Talvez, o motivo de minha calma fosse morar em uma favela. Posso dizer sem exagero que, em média, morria um por dia. E por vários motivos. Vi homens e mulheres mortos aos montes.

Baleados, esfaqueados, enforcados, mutilados, atropelados por um trem, queimados em seus barracos, por overdose de drogas, eletrocutados, afogados.... Enfim, um verdadeiro show com as piores maneiras de morrer.

Mesmo que sejam raras, algumas lembranças mexem com meu interior, e demorei a perceber o principal motivo pelo qual eu podia vê-los.

O último carnaval

Madrugada de carnaval, pessoas pulam, dançam e bebem, como se fosse o último dia na Terra.

Mas para alguém vai ser...

Uma madrugada quente de verão, apesar de chover, não há necessidade de usar uma roupa mais pesada e os foliões adoram. Em uma praça qualquer, sentados, muitos jovens bebem... Fumam... E sorriem, pois a vida é tão bela.

Uma pena que não sabem cuidar dela...

São 3:30 da madrugada... E eu realmente gostaria que esse fato tivesse outro desenrolar... Um outro fim.

O som do telefone tocando de madrugada, é um tipo de som que realmente me incomoda, não só por me acordar, mas pelo fato da maioria das vezes, as notícias não serem boas.

– *Boa noite. Aqui é da delegacia e precisamos do apoio de vocês!*

O apoio em questão sempre é o recolhimento de mais um corpo.

– *Temos uma vítima fatal de atropelamento na rodovia e aguarda para ser recolhida ao IML.*

Tá certo... Vamos lá, afinal, eu estou aqui para isso! Imaginem a cena: Uma escuridão, uma rodovia por onde passam muitas e muitas carretas e sempre em alta velocidade. Uma chuvinha leve... Peguei uma lanterna e puder ver o que uma carreta em alta velocidade pode fazer com o corpo de alguém...

Do local do choque com carreta até onde estava o corpo da vítima depois do impacto, tem mais de 100 metros... 100 metros de horror para muitos.. Para mim... Só mais um trabalho. No canteiro, formigas já faziam força para levar um fragmento de nosso alguém. Em uma bolsa preta, nem tão grande, está o que sobrou de nosso alguém. Mas precisamos saber quem é esse alguém? Na bolsa preta, só um amontoado de carne e ossos triturados... farrapos de roupa, já misturados com a carne. Mas precisamos de qualquer detalhe, por mais pequeno que seja, para dar um nome a esse alguém...

Esse alguém pode ter uma mãe, um pai, um amor... Esse alguém... Estava há pouco tempo sorrindo... Brincando... Abraçando e comemorando a vida.

Agora, cabe a nós descobrir quem é...

Na madrugada fria... Revirando a bolsa cheia de retalhos humanos... Detalhes são revelados e fotografados... Então, a bolsa é levada ao IML... Ali vai aguardar... Mas não por muito tempo.

Logo, a família desse alguém o procura e acabam chegando até nós. Cabe a nós dizer a esta família como é o corpo recolhido por nós. Depois de cuidadosamente dizer as marcas particulares que puderam ser achadas... Nosso alguém já tem um nome... Uma idade... Só não tem mais a vida, essa jamais poderemos devolver.

Mas nossa parte, nós fizemos...

Esteja ele onde estiver, sei que estará em paz...

3 minutos

O que são 3 minutos? Pense no que poderia fazer em 3 minutos? Pouca coisa? Coisas importantes? E se seus sonhos e alegrias se acabassem em 3 minutos? Imagine tudo que você sonhou, preparou e esperou pacientemente por muito tempo, se acabassem em 3 minutos.

Isso aconteceu com Pedro e Maria... Por 9 meses, esperaram por Carlos Eduardo... Carlos Eduardo nasceu, e em 3 minutos, deixou esse mundo... Quanto amor você pode dar a um ser que viveu 3 minutos? Quanta dor você pode sentir por um ser que viveu por 3 minutos?

Posso dizer que passei mais tempo com Carlos Eduardo do que a mãe dele, depois que ele nasceu. Na sala de preparação, eu fiz o que sua mãe esperou por 9 meses e não pode fazer. Eu pude limpar... Preparar e vestir Carlos Eduardo. Pude vestir cada peça da roupinha que durante os meses, foram cuidadosamente escolhidos... Pude ver seu pai... Na despedida... Um adeus que durou mais do que a vida de Carlos Eduardo...

O que pode doer mais em minutos e durar a vida toda? Pode-se esquecer desses 3 minutos? Várias vidas marcadas por um ser que viveu 3 minutos...

E nós? O que fazemos em 3 minutos?

Forças

Antes de dizer que não tem mais forças e desistir da vida, feche os olhos e imagine uma dessas possibilidades:

- Nunca mais poder ver o céu azul e um fim de tarde com o sol se pondo.

- Nunca mais sentir as gotas de chuva tocar seu corpo, não sentir mais o cheiro da terra molhada e o som da chuva no telhado.

- Nunca mais sentir o aroma de um bom café ou de sua bebida favorita.

- Nunca mais sentir o toque, o abraço e nem ver o sorriso de quem você ama.

- Nunca mais ouvir o canto de um pássaro e o balançar de folhas com a brisa, que toca seu rosto com a ternura de uma mão de mãe.

- Nunca mais sentir o sabor de sua comida predileta.

- Nunca mais poder acordar de manhã e abrir sua janela e ver o presente que Deus lhe deu... Mais um dia, mais uma chance de ser feliz.

- Nunca mais poder ver o mar, o rio ou mesmo seu animal de estimação roçar sua perna em uma demonstração de amor e carinho.

Se, mesmo assim, ainda quiser desistir, lembre-se dos buscadores.

São aqueles que vêm buscar a sua alma para ser encaminhada ao seu destino final. A maneira como você vive e como morre, determina quem será seu buscador.

Não importa que agora em vida, você seja uma pessoa incrédula ou mesmo um beato que não perde uma missa ou um culto que seja.

Acreditando ou não, eles virão e te levarão.

IML

Tentar imaginar o que vou descrever, pode até parecer mórbido e, até mesmo, insano, mas nada mais real e certo em nossa vida do que estarmos em um desses lugares um dia.

E tinha que ser como eu gosto: Uma noite chuvosa com muitos relâmpagos e um vento de cortar a alma. Estaciono a *Blazer* preta em frente ao enorme portão e aguardo a hora de, pela primeira vez, entrar em um IML de uma grande cidade.

Minha imaginação fervia e já imaginava o que estava por vir.

— *Poxa! Esse portão não abre, será possível que vou ter que descer do carro nessa chuva?*

— *Claaaaaro que sim!!!*

Mas vou acordar até os mortos, se for necessário, mas tenho que retirar esse corpo logo...

De repente, o pesado portão azul, cinza... À noite e chovendo, nem consigo dizer que cor é, começou a se abrir.

Estranho, ninguém para me receber!

Vou com o rabecão devagar, pois, como sempre, esses lugares são apertados, escuros e difíceis de manobrar.

Depois de uma curva, vejo um amontoado de macas de inox, com poças de sangue, algumas ainda escorrendo pelo chão e lençóis que, um dia, foram brancos, jogados em uma pilha vermelha viva.

Maravilha, agora, vou entrar na geladeira todo molhado... Isso vai me dar uma gripe!!! Uma grande porta de plástico... Abro e ninguém aparece. Andando como se estivesse em um museu, admirando os objetos, quando passo por mais uma porta ou cortina de plástico, como queiram....

Vejo o que causaria horror, náuseas e muito pavor a muita gente.

Estava eu sozinho na sala onde ficam os corpos. E meus amigos como era grande o lugar!!! Meus olhos percorreram a grande sala... Cheia de macas com corpos de todas as formas.

Eu procurava um rapaz oriental, 30 anos, morto por engasgamento e achado morto na sala de casa pelo pai.

Este não é... Como foi ter a perna arrancada, cara?

Nossa! Mais de quarenta gavetas etiquetadas e mais de 15 macas com corpos aguardando para serem retirados. E o pior é que ninguém ainda sequer percebeu que eu estou aqui.... Onde está o que vim buscar? Será que está em uma dessas gavetas? Achei, melhor não abrir... Vai saber se pode... Achei... Estava bem no meio... Entre os corpos de um rapaz, morto em um acidente, só pode, esfolado assim?

E uma senhora magra e com uns números rabiscados na coxa... Deus os tenha. Olho e vejo o que vim buscar, tinha sido aberto desde a traqueia até o peritônio. Chega o atendente...

– *Opa, já achou? Primeira vez aqui, né? (Ele)*

– *Está tão óbvio assim? (Eu)*

– *Demais até. (Ele).*

– *Vamos lá preencher a papelada? (Ele)*

– *Quem vai liberar o corpo? (Ele)*

– *O pai dele está lá fora aguardando. (Eu)*

A hora mais difícil na vida dos que ficam é ter que reconhecer o corpo de quem se ama no necrotério.

Mas, com cuidado, eu deixo somente o rosto aparecendo. Não há necessidade de mostrar a um pai, seu filho todo costurado.

— *Já posso levar? (Eu)*

— *Sim e tira esse monstro (a Blazer é realmente grande) da frente, que tem mais dois corpos pra liberar. (Ele)*

— *Mas... Quem vai me ajudar? Ele é bem pesadinho e estou sozinho. (Eu)*

— *Eu ajudo!! (O pai)*

— *Senhor pode aguardar lá fora, não é necessário, dou um jeito aqui. (Eu)*

— *Eu vi meu filho nascer, crescer e segurei ele no colo muitas vezes. (O pai)*

— *Que tipo de pai eu seria, se não o levantasse agora? (O pai)*

— *Está certo, Senhor, sinto muito que tenha que passar por isso. (Eu)*

— *Eu que te agradeço, meu jovem... Jamais imaginei esse momento e agradeço a Deus por haver quem ajude assim. (O pai)*

O filho foi preparado, arrumado e sepultado no mesmo dia.

Consequências

Revisando, em minha mente, todas as cenas que já presenciei, e tentando imaginar algumas que meus colegas me contaram, eu fico imaginando, qual seria o meu fim. Pode parecer loucura, bobeira, e muitos vão bater na madeira, fazer o sinal da cruz ou mesmo se benzer (como se tudo isso fosse adiantar), para evitar tais pensamentos.

Já me perguntei... Será que vou acabar assim, pendurado em uma árvore, com uma corda no pescoço? Então, tento entender o que pode ter levado a vítima a terminar desse jeito.

A primeira que me lembro, foi de uma menina de 14 anos... Se eu fosse uma menina de 14 anos, por que eu me enforcaria? Violência familiar? Falta de atenção dos pais? Bullying? (Mais conhecido na minha época como gozação de amigos e colegas, geralmente, na escola). Destino?

Certamente, não... Já fui um menino de 14 anos. Cresci em uma favela (hoje, chamada de comunidade). Imagine as provocações que tive de suportar na escola... Violência familiar? Hoje, com certeza, as varas de bambu e as chineladas de minha mãe, seriam tachadas de violência, mas... Não, isso não me levaria a me enforcar.

Destino.... Improvável... No caso dessa menina, ela levou para a sepultura suas razões.

Outra vez em que tais pensamentos me ocorreram, foi quando recolhi um senhor idoso, em sua casa... Pesava menos de 30 kg, a junta de seus joelhos, sua rótula e, até mesmo, seu fêmur, podiam ser tocados sob a pele…

Câncer... Perdi a conta de quantos corpos essa doença já me deu para carregar. Pensei comigo... E se eu acabar assim? O que posso fazer para evitar? Não fumar? Controlar a alimentação? Aí, lembrei-me de um menino de 10 anos... Mais uma vítima dessa "coisa" faminta e devoradora de corpos. Percebi que ela não escolhe quem fuma, quem se alimenta mal ou isso ou aquilo (lógico que se fizer tais coisas, ela pode fazer uma visita), mas as coisas são assim... A vida é assim mesmo, ela acaba bem mais cedo para alguns...

Eu poderia acabar como o "alguém" (moço do texto "Último carnaval") todo estraçalhado em uma rodovia movimentada... Não... Pouco provável... Não costumo me arriscar assim...

Enfim, seja como for, todos esses fins prováveis que podemos ter, sempre será, na maior parte das vezes, consequências de nossas escolhas... Escolha bem seus amigos, fujam daqueles "vidas loucas"... Normalmente, acabam cortando os próprios pulsos ou com a boca espumando por overdose. Não ande por um caminho escuro sozinho... Não dirija bêbado. Não insulte quem você não conhece. Não mostre muito o que tem de valor, como seu celular, relógio ou mesmo uma bolsa legal. Desligue a energia elétrica... Cuidado com as gambiarras...

Imagine um sábado... Ensolarado... Ótimo pra se passar uma tarde com a família… Mas uma gambiarra tirou essa chance de um homem de 30 anos... Sábado de manhã... Estava lavando não sei o quê.. Meio-dia e ele não aparecia para o almoço...

Foram procurar... A tal gambiarra tinha dado errado. Sábado à tarde... Podia estar curtindo a família... Mas não... Estava na mesa... Sendo preparado... Sábado à noite... Em vez de sorri-

sos... Um choro invade o velório... Mas foi só uma gambiarra!!
Faço tantas!!

Cuidado... Sua próxima pode ser a última!

Só as consequências importam...

Um último conselho: Antes de fazer algo ou tomar uma attitude... Veja as consequências! Isso pode evitar muito choro!

Contos de Uma Vida

Torcedores

Toda a família reunida, muita gente e o movimento é grande. A maioria com camisas do São Paulo... Homens, mulheres e crianças. Todos esperando o principal... E eu tinha que deixar tudo preparado, arrumado e enfeitado.

O principal torcedor, quem levaria? Eu!

Já tinham caixas de fogos de artifício para o fim dessa partida. Mas essa partida seria a mais dolorosa destes torcedores. O principal torcedor, o pai, logo, estará ali, mas imóvel...

Não haveria mais em seu semblante a alegria de uma vitória, nem tristeza ou raiva pela derrota.

Os amigos vão chegando... Palmeirenses, corintianos, santista, entre outros... Essa partida acabou... Todos sabemos que não há como ganhar esse jogo.

Mas há como tornar essa derrota um ato de ajuntamento e lembranças de todas as vitórias.

Não importa esse revés, já preparado para todos nós! É nesta derrota que irá aparecer até a mais pequena vitória de nossa vida, algumas já esquecidas...

Ela chega, sem esperar... Uma morte súbita... Uma bela tarde... Com a saúde em dia, colhendo frutas em seu sítio, com seus filhos em volta... Ela vem e decreta o fim do seu jogo.

Não importa se você está jogando bem, com muito sucesso, muito dinheiro, a mesa cheia ou se está mal, desempregado, sem dinheiro. Ela apitou, acabou...

Terminei... Vou levar o torcedor... Na chegada de seu corpo... Fogos são lançados, mesmo na derrota... Torcedores de outros times, respeitam o fim desta partida. Abraçam, choram e lamentam...

Agora, por algum tempo, ele vai estar ali... Vai receber todas as homenagens, todas as lágrimas e cada palavra proferida diante de sua torcida que o acompanhou a vida toda. Mulher, filhos, filhas, netos e muitos amigos...

Então... Eu venho para levá-lo em sua última carreata...

Sim, na derrota final, há esta carreata... carros me seguem, mais fogos são lançados... No fim... Sempre é assim... O revés é inevitável, mas é nossa maneira de jogar por uma vida toda, que vai determinar, como vai ser nossa derrota... Como esse pai fez... Uniu toda família e amigos para comemorar as vitórias... Partiu em paz.

E nós... Como estamos jogando?

Depois da colheita

Não importa como foi feita a colheita, sempre há uma rotina a ser seguida...

Seja onde for que o corpo estiver, em casa, hospital ou na rua, ele é recolhido... Neste caso, a rotina será de um corpo com uma morte suspeita, ou seja, não se tem certeza de como aquela pessoa veio a falecer... Como Deus a colheu.

Minha primeira vez, e tenho em minha mesa, um morador de rua sem nome. Sua partida foi um tanto violenta... Mas creio que de forma rápida. Durante uma madrugada fria, alguns goles de cachaça para esquentar, um caminhão... E aqui está ele em minha mesa.

Cuidadosamente, sua roupa é cortada. Deve ter feito muito frio essa madrugada, estava com duas calças... A de baixo era um moletom, bem sujo e todo rasgado.

Um casaco, pesado e cheirando a fumaça... Tão sujo quanto suas calças. Logo, seu corpo está pronto para o início da autópsia. Um afiado bisturi, corta seu peito, abrindo-o de cima a baixo... Seu externo é retirado... Depois, pela primeira vez, eu seguro um coração humano em minhas mãos... Não consigo descrever a sensação... Uma maravilhosa máquina humana... Em sua cavidade torácica, o grande acúmulo de sangue causado pela hemorragia, é retirado com uma concha... O cheiro de sangue e álcool é bem forte.

Depois de mais alguns órgãos retirados, é possível contar, por dentro, quantas costelas quebradas... Seu tórax esmagado, maxilar, mandíbula e zigomático fraturado. Sangue colhido e pronto para um exame mais detalhado. Fotos são tiradas... Então, seu corpo é lavado, seco e seus órgãos são recolocados.

Para que não haja vazamentos, junto com seus órgãos, são colocados, na maioria das vezes, pó de serra. Suturar um corpo pela primeira vez... Também não vou esquecer esta experiência.

Então, é colocado em uma gaveta na geladeira. Espero que ele tenha sido logo identificado, pois nessas geladeiras, muitos corpos apodrecem e tem que ser enterrados, sem nome, sem flores e sem ninguém que lamente por eles.

Todos que trabalham em um necrotério, sejam efetivos, como os auxiliares e os legistas, ou apenas um estagiário como eu fui, às vezes, são as únicas pessoas a cuidar de um corpo... É nossa obrigação saber o máximo possível daquele que está ali em nossa mesa. O corpo foi o filho ou filha de alguém, talvez, um pai ou uma mãe. Pode ser que, em algum lugar, estejam chorando por ele, sentindo a sua falta.

É nossa obrigação com nosso semelhante... Devemos respeito e cuidado com quem, um dia, caminhou pela terra, sorriu, chorou, amou e foi amado. Não sabemos o que irá ocorrer até o final desse dia...

Quem dirá do amanhã?

A mesa

Imaginem-se em meu lugar, nesta sala. Uma sala, com azulejos brancos até o teto. Um piso frio e já gasto pelo tempo. Uma pequena prateleira, com os instrumentos, cuidadosamente arrumados. Bisturis, tesouras, pinças, dissecadores, afastadores e outras coisitas mais. Em uma pia, está a bomba injetora e o forno de esterilização. A mesa... Ahhhh!!! Essa, sim, é uma visão que pode gelar e fazer tremer muita gente: De aço inox, torneiras e uma bomba de sucção.

Muitas mangueiras e um ralo por onde se escoa o.... Vocês sabem.

Fico aguardando...

De repente, ouço o som da Blazer preta encostando.

Corro para me preparar... Uma bota, luvas, avental, máscara e até uma touca.

O motorista abre a porta traseira...

– Mais um cliente para você!! (Motorista)

– *Pode trazer, vamos colocá-la aqui. (Eu)*

Era uma mulher, 30 e poucos anos... Nota-se algumas punções feitas em seu corpo... Tentativas frustradas para uma melhora que não veio. Como a maioria dos corpos, judiados pelas doenças ou por acidentes... Ela também vai dar um pouco de trabalho.

Sua irmã me entrega as roupas que ela vai usar...

– Posso acompanhar o procedimento? (Irmã)

– *Senhora, não é aconselhável...* São procedimentos com risco de contágio... *Até mesmo para poupar os familiares...* Não é permitido que entrem na sala. *(Eu)*

Com o olhar tristonho, ela acompanha o movimento do carrinho que leva sua irmã...

Imagino o sentimento de impotência, dor, uma confusão de pensamentos.

Com cuidado, apóio sua cabeça no suporte. Na bomba injetora, já está o líquido preparado. Coloco um pano úmido em seus olhos. Um corte profundo em sua coxa... Procuro a artéria e a veia femoral. Em sua artéria, é injetado o líquido... Enquanto que por sua veia o sangue é drenado... Em suas punções, pequenos jatos de sangue também jorram. O sangue escorre pela mesa, até sumir no ralo...

Acabada essa parte... Começa outra, não menos importante. Outro procedimento que deixaria muitos sem dormir à noite. Um pequeno furo em sua barriga... Uma haste de 80, 90 centímetros... E o processo de sucção começa. Por várias vezes, ele é introduzido e retirado... Todos os líquidos e gases excedentes são retirados. Nesse processo, podemos ver, claramente, o abdome diminuir ou desinchar.

Depois, todas as aberturas e punções são suturadas. Com o chuveirinho, começo a limpar o corpo... Lavando os cabelos, o rosto e todo o resto do corpo é limpo. Depois de secar, o corpo é colocado em uma urna funerária.

Após o tamponamento, pego as roupas que a sua irmã trouxe. Suas roupas íntimas, uma calça branca, blusa branca e um lenço rosa para seu pescoço. Já vestida, uma maquiagem bem leve. Cabelo penteado. Enfeitada.

Levo o seu corpo para sua irmã ver se está tudo conforme ela solicitou. As lágrimas de sua irmã, agora, já não têm tanta dor.

– Nem parece a mesma que entrou com você lá!!! (Irmã)

Não estava mais roxa, inchada, despenteada, suja de sangue e com a cor típica dos mortos.

– Fico feliz que tenha gostado, senhora, espero que isso diminua a sua dor.

Ela é levada para o velório, onde seus parentes e seus amigos vão se despedir. Espero que esteja em paz... Tudo foi feito com muito cuidado. Espero que um dia, alguém também faça o mesmo por mim... Pois... O fim é inevitável.

Suicidas

O cristianismo diz que os suicidas já estão condenados. O espiritismo diz que há um vale para os suicidas. O islamismo premia os suicidas com virgens e um belo paraíso (tentador). Eu digo que a maioria dos suicidas, tirando aqueles que têm uma morte rápida, devem se arrepender muito do ato que cometeram.

Olhar para os olhos de um suicida que se enforcou, não é nada agradável, menos ainda recolher um corpo de alguém que se entupiu de remédios. Logo na chegada, já começo a perceber o que levaria uma mulher a tirar a própria vida, de uma maneira tão dolorosa e desesperadora.

Um calor daqueles de fritar ovos em asfalto... Uma casa mal acabada, suja, animais pelo chão e um cheiro forte de esgoto. Não há muitos móveis e os que têm... Sinceramente, melhor nem dizer. Paredes sem reboco e telhas esburacadas... Muitas garrafas de cachaça vazia no quintal... Aliás, do quintal é que vem o cheiro forte... Um córrego fétido corre a céu aberto.

Os curiosos se aglomeram lá fora... Milhares de pensamentos em suas cabeças... O que será que aconteceu com ela? Será que o bêbado fez isso? Será que ela se matou mesmo? Aí tem coisa... Claro que tem poxa!!! Tem o corpo de uma mulher, que foi uma mãe, foi uma filha...

Com os olhos abertos ainda, olhos que aos poucos foram se apagando... melhor não descrever... Uma corda gasta...

Um laço... Uma cadeira tombada. Os chinelos que ela usava estavam longe do corpo... Sinal de como se arrependeu e buscou algo para apoiar os pés.

Nem tento imaginar o que se passou...

Para quem não sabe, uma corda curta como a dela, pode demorar até 3 minutos para que se venha óbito. Uma corda longa... Com o peso do corpo, pode ocorrer um trauma no pescoço e a morte pode ser rápida.

Mas ela não... Por mais ou menos três minutos, ela sentiu a agonia de ter seu fluxo de ar bloqueado, sua artéria carótida e sua veia jugular bloqueadas... O coração pode bater por vários minutos após a morte cerebral. O pior para quem não sabe, como meu ajudante, é na hora de se retirar a corda do pescoço. O os gases preso nos pulmões saem... Ele tomou um susto na hora...

– Tá viva ainda??? (Ajudante)

– *Infelizmente...* Nós estamos aqui, não? *(Eu)*

– *Sim... E daí? (Ele)*

– *Quando nos chamam...* Não há mais nada a se fazer. *(Eu)*

Mais um corpo... mais uma vida...

Talvez, mais agonizante e desesperador é o suicídio por overdose de remédios. Dependendo do remédio que se tem uma superdosagem, não ocorre de imediato o óbito. Bem de manhã... Uma daquelas ligações ocorrem... Retirar mais um corpo... Mais uma mulher.

Diferente da enforcada... Essa parecia ter mais sorte na vida... Mas só parecia. Não há como saber que tipo de dor, sentimento a levou a essa atitude. Um sobrado bem acabado, logo na entrada, uma porta que deve ter custado quase meu salário. Dentro da casa, bons móveis, quadros, flores, tudo bem limpo e bem cuidado.

– Ela está lá em cima. (Perito)

– *Já acabamos nossa parte, façam a de vocês! (Perito)* - Cara grosso!!!

– *E quando não fizemos?? (Eu)*

No quarto e que quarto... Tudo bem arrumado, um guarda-roupa enorme... Um closet.

Vale lembrar que, na maioria das vezes... Quem toma remédios aos montes… Normalmente, é para se chamar a atenção... Agora, ela não precisa mais dessa atenção.

A cama toda bagunçada, resultado dela se debater por horas... Espasmos e convulsões violentas. Poças de vômitos, marcas de suas próprias unhas na garganta... Enfim. Segundo os peritos... Ela levou 4 horas para morrer...

Se ele tivesse chegado em casa meia hora antes... quem sabe eu não estivesse lá. Não há como dizer o que a levou a isso... Como no caso da enforcada, pode-se até tentar se justificar, pelas condições...

Mas o mal, a tentação e o desespero estão um todos os lugares. Está em um barraco mal acabado e sujo, e também em uma casa bem-feita e cuidada.

Uma simples infecção

Tudo começou com um pequeno ardor, um desconforto na hora daquele "xixizinho básico". Mas, Rafaela não tinha muito tempo para si... Filhos... A casa para arrumar e o bico que fazia de faxineira, 2 vezes por semana, a deixavam sem tempo. "Acho que aguento mais um pouquinho, amanhã vou ao médico". Como muitas pessoas, Rafaela também não sabia, não entendia que o "amanhã" NÃO EXISTE.

Nessa mesma noite, Rafaela deixaria de existir.

Recebo a declaração de seu óbito, suas roupas e as instruções, balbuciadas por seu marido... Já me acostumei, embora ainda quisesse querer tirar essa dor dos familiares.

Hoje, sobrou para eu usar somente a perua Kombi... Não gosto dela, faz muito barulho e seu volante tem um jogo enorme.

Caixão de recolhimento, carrinho e luvas... Mesmo ritual, entrar pela porta da frente do hospital para liberar o corpo e como todos me conhecem, até quem está esperando uma consulta, encaram o papel amarelo em minha mão.

Dá para sentir o medo nas pessoas... Não adianta ter medo... Logo será a vez de vocês e, claro, a minha também, penso eu. Como qualquer necrotério de hospital, a sala de corpos fica bem escondida, fora do alcance das pessoas. Depois de uma volta tremenda, a luz do farol clareia a porta azul clara. Uma porta que muita gente não quer abrir, inclusive, os seguranças que sempre me dão as chaves e ficam à distância, como que preparados para correr... Sei lá o que imaginam.

São 6 mesas de concreto... Bem na altura do carrinho de recolhimento. Lá estava Rafaela, coberta com um lençol azul claro, surrado, com o nome do hospital já apagando. Encosto o caixão e devagar puxo seu corpo para dentro, tomando cuidado para não deixá-la cair com muita força.

O corpo de uma mulher de 47 anos... Vencida por uma infecção urinária?

Acho que não...

Vencida por negligenciar a si própria, talvez. Eu sempre digo às pessoas... Morremos, muitas vezes, por besteiras, um mínimo detalhe e lá estamos nós deitados em uma pedra fria em um canto qualquer.

Voltando à Rafaela.

Bastante inchada, sua infecção havia evoluído para os rins e outros órgãos foram afetados. Vou poupar a descrição dos procedimentos... Já com seu corpo suturado, começo a limpá-la. Não há mais sinal do inchaço e seu rosto já não lembra mais as dores que sentiu. Um vestido branco com detalhes amarelos... Um colar de pedras amarelas. Pentear seus cabelos compridos foi bem complicado.... Uma leve maquiagem e um batom rosa clarinho...

Por fim, as flores em volta... Um pouco de perfume e está pronta.

Como sempre acontece... Muito choro no velório...

Fiz o que pude...

Amanhã, eu volto para levá-la... Em sua última viagem.

Devaneios

Certa vez, chegou o corpo de um angolano, devia ter sido bem forte, mas estava bem magro e tinha sinais de tortura pelo corpo. Como ele tinha que ser embarcado em um avião de volta para Angola, seu corpo tinha que ser embalsamado.

Veio de um hospital, todo machucado, queimaduras de cigarro e constava na causa da morte: Diversas causas... Mas a principal, HIV. Ele veio enrolado em um lençol e usava um fraldão... Tinha ficado mais de 15 dias em estado de coma. Devido ao HIV, o cuidado com o embalsamento teve que ser redobrado. Devido à lentidão do processo, deve ter sido o corpo que eu mais conversei.

Enquanto dava o primeiro banho, pois estava todo sujo de sangue ressecado e tinha sujado a fralda várias vezes... Se é que me entendem. Eu lhe dizia... "Vai ficar feio já já, amigo"... Mas vai ser para seu bem. Depois veio o corte principal... Todos os seus órgãos retirados e colocados em um balde com o formol. Eu lhe perguntava...

— *Como veio parar aqui? Você veio de avião? Onde estão seus parentes?* É casado?

— *Afinal, tu já tens trinta e um anos... Acho que não... Tomara que não. E essas queimaduras, amigo? Quem te fez isso?*

— *Vou injetar pela sua artéria braquial, ok? Depois pela ilíaca... E por fim, vou recolocar o que tirei de você,* tá certo?

– *Sério mesmo... Como conseguiu ser machucado assim e ficar nesse estado? Trinta e um anos e acabar aqui, sem ninguém para lamentar.*

– *Aliás... Eu estou fazendo seu tratamento de graça... Voluntário.* Podia me dizer alguma coisa...

– *Quem sabe se tinha uma namorada em Angola...?*

– *Não... você é meio feio.... E assim, agora... Nem dá mais.*

– *Cláudio!!! (Professor)*

– *Deixa esse corpo aí... Ele vai ficar aqui mais uns quatro dias, o consulado tá enrolando com a documentação e tem mais dois esperando com mais pressa... (Professor)*

– *Mas como assim... Vai ficar aqui? (Eu)*

– *Aqui, nem tem geladeira... (Eu)*

– *Espero que você tenha feito direito... Senão não vamos aguentar o cheiro. (Professor)*

Isso era uma segunda-feira... Ele ficou ali na sala... Entrava corpos e saíam corpos... E ele lá... Esperando. Eu estava indignado... Como pode isso?

Ele é filho de alguém... Sei lá... Deve ter alguém esperando para poder se despedir... Poder seguir em paz, seja para onde ele for. Na quarta-feira… Ele já suava formol... Eu, todo dia, olhava para ele e dizia:

– *Cara, não é culpa minha... Minha parte, eu fiz...*

– *Te dei banho... Fiz sua barba... Tá limpinho.*

– *Que culpa eu tenho se nem roupas te deram ainda?*

– *Aliás, amanhã é minha folga... Faça o favor de não estar mais aqui, quando eu chegar...*

Na sexta-feira, quando voltei... O angolano já tinha decolado. Faz dois anos isso... Mas sempre me lembro dele... Às vezes, gostaria de saber quais seriam suas respostas... Jamais... Foi só mais um devaneio...

Pobreza?

Eu não consigo acreditar que a pobreza impeça alguém de ser honrado em sua despedida. Frequentemente, ouço as pessoas dizendo:

– *Já está morto mesmo, para que gastar?*

Chegam à canalhice de negar um bouquê de flores. Em sua maioria, sempre é um filho a respeito de um pai ou uma mãe. Não me lembro de ouvir tamanha canalhice da boca de um pai, quando se trata de seu filho a ser sepultado.

Uma determinada noite, levei um corpo ao velório... E já tinha outro corpo sendo velado.

Eu fiquei decepcionado... Com o estado do outro corpo!

Era um velório "social"... Parece que a prefeitura estava fazendo a sua parte... Tudo foi doado por um tal vereador. Canalhas... Não sei quem é pior... A prefeitura ou os parentes. O corpo do moço, devia ter uns 27 anos, estava dentro do caixão ainda dentro do saco de mortos... O zíper aberto, somente mostrando seu rosto... Nem roupa haviam colocado no coitado... O sangue corria pelos lados de sua boca... Nem uma flor...

Procurei pela sala, a pessoa mais triste...

– *Senhora, quem é ele? (Eu)*

– *É meu sobrinho! (Senhora)*

– *Por que ele está assim, sem roupa... sem nada? (Eu)*

– *É velório social! (Senhora)*

– *Sim, mas... Nem o limparam? (Eu)*

– *A prefeitura trouxe direto para cá, assim já... (Senhora)*

– *Ele é criminoso, senhora? Um bandido? (Eu)*

– *Não... Ele morreu de pneumonia... E está assim... (Senhora)*

– *Mas não tem roupa? (Eu)*

– *Flores? (Eu)*

– *Ai, moço... Não sei... Quem está cuidando disso é o tio dele, ele está lá fora... (Senhora)*

Saí e fui falar com o tal sujeito...

– *Senhor.... Sou da funerária ali de baixo... (Eu)*

Nem terminei de falar...

– *Não temos dinheiro!!! (Tio)*

Sujeito estranho, sem educação...

– *Entre todos vocês... Não podem juntar 30 reais para as flores e umas roupas para seu sobrinho? (Eu)*

– *E quem vai fazer o serviço de graça? Você? (Tio)*

– *Com certeza!! (Eu)*

Desci até a funerária... Comprei as flores, peguei minha maleta particular e alguns jornais velhos... E voltei ao velório.

– *Podem me dar licença? (Eu)*

Estiquei o pano e comecei a trabalhar...

– *Sacanagem com você, né cara!*

– *30 reais... Seus parentes não queriam gastar 30 reais!!!*

– *Se eu fosse você... Voltaria e puxaria as pernas deles...*

Uma camisa de time usada e uma calça jeans surrada...

– *Melhor que nada né?*

Vinte minutos... Já não aparecia mais o saco de cadáveres... Limpo... vestido... enfeitado... Barba feita... Sem vazamentos. Abri o pano... Podem continuar... Saindo...

Ninguém veio dizer nada... Não são pobres de dinheiro!! São pobres de espírito!!! Acho que foi até sorte desse cara... Ter ido para um lugar melhor. Deus me perdoe!

Uma simples Pneumonia

Alguns amigos, às vezes me perguntam, porque fico claramente transtornado, quando vejo certos corpos na mesa.

— *E não é para ficar?*

— *Poxa!*

Lembro-me do primeiro corpo que fiz, cuja causa da morte foi.... PNEUMONIA... Sério pessoal... Fiquei alguns minutos olhando o corpo em cima daquela mesa de inox fria e o sangue escorrendo por uma punção feita bem do lado direito das costelas. A punção é feita para drenar os líquidos que se acumulam nos pulmões... Infelizmente, para ele... Nada adiantou.

Um homem de 30 anos, estatura baixa, mas forte... Seu corpo ia de avião para o Nordeste.

— *Como assim?*

— *Um cearense, homem forte, "cabra" macho, braços troncudos e mãos calejadas do trabalho pesado... E veio acabar assim em minha mesa?*

— *Faltou cuidado? Informação?*

— *Ainda se morre de pneumonia no Brasil?*

— *Antes que me perguntem: é raro morrer de pneumonia, "seu" Cláudio?*

— *Nãããããããão, claro que não.*

— *Se você tem 70, 80, 90 anos ou mais e pega um desgraça dessa... A chance de ir paro o buraco é grande... Em recém-nascidos, também é um grande perigo. Mas com 30 anos?*

— Você está começando agora, cara, ainda vai ver muita coisa... Tente não ligar... Tente ver só como um serviço... Você nem sabe de nada e fica assim? (Professor)

Era meu segundo dia no estágio...

— Mas foi para isso mesmo que eu estudei e estou aqui, professor, para ver muita coisa... Quero ver mais... Quero saber mais... Até mesmo quero sentir mais. (Eu)

— Que graça ia ter eu vir aqui e desmontar esse corpo todo e não sentir nada? (Eu)

— Melhor ser mecânico, então... Desmontar um carro e não sentir nada. (Eu)

— Vai logo que hoje é segunda e este é o primeiro do dia... Você tem mais 12 horas para ficar aqui e uma fila com muitos corpos pra "sentir"! (Gargalhada do professor)

— Professor! (Eu)

— Diga. (Professor)

— Para mim, é só um serviço... Mas para a família dele... Foi uma vida... Foram os momentos felizes, os tristes e acabou. (Eu)

— Melhor você desligar a máquina, senão ele vai estourar!! (Professor)

Enquanto falávamos, eu poupei vocês dos detalhes da abertura do corpo... E estava injetando formol nos membros inferiores pela artéria ilíaca...

Desliguei a máquina, sequei e recoloquei os órgãos e comecei a suturar... A sensação de suturar um corpo é algo indescritível. Desde o fim de seu abdome até a garganta, sentir a agulha furar a carne e a linha esconder o que ficou dentro do corpo... Coisa de maluco, dizem... É... Pode ser... Mas necessário!

Este corpo veio de outra funerária e o agente o aguardava para arrumá-lo e levá-lo para o aeroporto. Chegou todo estropiado, sujo e vazando como um balde furado. Agora, está aí... Olha que terno da hora... Cheirando a eucalipto e indo de carrão para o aeroporto!

Vá com Deus...

Bam... bam... bam... (Batidas no próximo caixão) (Professor)

— *Vai logo com essa senhora dos ursos, ela está atrasada! (Professor)*

Ficaram curiosos com a "senhora dos ursos"? Fica para o próximo conto.

Não fiz, mas fiquei marcado

Uma madrugada qualquer, como sempre fazia, estava de braços cruzados, em frente à funerária, e observando a neblina da madrugada. Brincando com meu hálito... Parecendo fumaça... O cemitério, logo acima, me deixava em uma cena de filme de terror.

Mas como sou grandinho... Nada demais.

– *O que foi isso? (Eu)*

– *Aaah... Só aquele gato danado outra vez, passa as noites correndo atrás das baratas no cemitério. (Eu)*

Volta e meia o carro da polícia passa e os policiais acenam...

– *Tudo na paz, aí? (Policial)*

Aceno e mostro o polegar...

O silêncio é quebrado.

O som do telefone acelera meu coração... De madrugada... Só pode ser trabalho.

– *Temos um corpo para voce. (Hospital)*

– *OK... IML? (Eu)*

– *Não, o pai e a mãe já estão com a declaração de óbito do bebê e te esperam lá no necrotério. (Hospital)*

Dirigir de madrugada é umas das coisas que adoro, tenho a rua só para mim...

Ver os mendigos dormindo debaixo das marquises, com esse frio, é um tanto melancólico. Mas pior ainda é chegar ao hospital e ver pessoas chorando... Às vezes, fico sem palavras e espero os soluços terminarem. Como saudar?

— *Boa noite? (Péssima ideia...)-Tudo bem?... Você é idiota é....?*

— *Senhor, senhora... Meus sentimentos (apesar do casal não ter mais de 20 anos), vim retirar seu filho. (Eu)*

— *Tem que ser nós, moço?... Não queremos ver nosso filhinho naquele lugar. (Pais)*

Não os culpo. Estar dentro de um necrotério é para poucos... Eu me sinto bem... Não por causa dos corpos, mas por considerar que é minha missão, meu trabalho e o que me deixa realizado.

— *Eu posso ir, moço? (Tia)*

— *Vamos lá. (Eu)*

O necrotério desse hospital era mal planejado em minha opinião. Pela primeira vez, vejo um necrotério na parte mais interior do hospital. Os caixões, praticamente, passavam por dentro da recepção e tinham que ser cobertos com lençol. Os olhares dos doentes era de dar dó... Muitos viravam o rosto e se benziam. Mas esse que eu levo, não necessita carrinho... É pequeno, branco e delicado. Chamamos de caixão-anjo...

Hora de mostrar o corpinho para a tia reconhecer e autorizar a retirada. Dentro do pequeno saco plástico e enrolado em fraldas, aparece o rosto do menino. Rosto rosa, inchado e com nariz escorrendo muito sangue... Pego nos braços e antes de mostrar a tia... Limpo seu rostinho com a fralda.. Não é muito, mas... Já ajuda.

— *É ele? (Eu)*

Nem precisava, responder... Os olhos vermelhos e a boca sem força de pronunciar o sim, já me bastava... Mas para retirar... Tem que se pronunciar o sim.

— *Meu Deus... Como foi isso, meu sobrinho? (Tia)*

— *Só três "meisinhos" e já deixou a tia? (Tia)*

Ela vem em minha direção para abraçar o corpinho...

— *Senhora... Não pode segurá-lo, sinto muito. (Eu)*

— *Vou levá-lo e depois de preparado, a senhora e os pais dele poderão abraçá-lo pela ultima vez. (Eu)*

Atravesso a recepção com o pequeno caixão branco nos braços e a tia chorando atrás.... Não sei o que dizer... Mas os olhar das pessoas para mim... Não tem como explicar.

— *Me acompanhem até a funerária para acertar tudo. (Eu)*

Estaciono e nada deles chegarem...

Só o corpo do bebê e eu ali na madrugada esperando. De repente, chega outro carro funerário e o motorista me diz que os pais do bebê decidiram fazer com eles o trabalho...

No carro de trás, está o pai e a mãe... Os dois com olhares vazios e sem expressão. Confesso que fiquei com vontade de tirar o sorriso da cara do outro cara... Mas... Deixa pra lá.

Na madrugada, eu abro e retiro o caixãozinho branco e levo até outro carro funerário... Sem nenhuma explicação, os carros somem na madrugada.

De novo só eu, a neblina e o cemitério...

Na manhã seguinte, ainda tive que ouvir o blá, blá, blá dos patrões. Até hoje, não sei o que aconteceu...

Na água

Em dia de sol, uma praia, uma piscina ou mesmo um rio são uma excelente pedida para se refrescar. Alguns vão com os seus carros bem abastecidos para um belo churrasco. O que pode acontecer?

— *Esta parte do rio é rasa, a água nem bate no umbigo. (Pai)*

— *Tem bastante gente olhando, dá até para deixar as crianças brincarem à vontade. (Mãe)*

— *Umas pedras e um lugar vazio, bem grande, dá até para armar a barraca e fazer o churrasco aqui mesmo. (Pai)*

Opa... chegando o resto dos amigos... O churrasco ia começar... Lá... De repente, faltava um... Onde ele foi?

— *Cadê o P? (Perguntam)*

— *Peeeeeeeeeeeeeeeeeeeeeee! (Gritam)*

— *Peeeeeeeeeeeeeeeeeeeee! (Mais gritos)*

O dia tinha começado bem, era um belo domingo, mas o sumiço de P... Acabou com tudo.

O Sábado se foi... Domingo.... Bem no finzinho do meu plantão.

Acharam o P.

Mas como sabem... Se ligam para mim, é porque P já não está mais entre nós.

— *Como pode esse tempo mudar tanto?*

— *Ontem estava um sol de lascar, hoje, essa chuva chata... Estragou o domingo de muita gente...*

— *Seriam os céus chorando por P?*

P não estava mais naquele ponto tranquilo do rio, a correnteza, mesmo lenta... Levou P para mais de três quilômetros rio abaixo. Parei a *Blazer* preta no barranco, mas ainda tinha uns 300 metros para caminhar.

— *Caramba, olha só como ficou... Toda enlameada... Suja... Isso vai me dar trabalho.*

— *Mas tá longe do local ainda, "Cráudio". (Meu ajudante)*

Ai, ai... Ainda tenho que ouvir o cara me chamar de "Cráudio".

— *Tá a fim de empurrar a "jabiraca"?*

— *Pois é isso que vai acontecer, se eu descer mais 5 metros.*

Ele olhou bem... E correu para calçar as botas. Quer juntar uma porção de gente? Faça uma festa de boca livre ou espalhe que tem um morto ali ou acolá... Povo sai na chuva para ver.

Só ver, pois ninguém se oferece para ajudar a carregar o baú de recolhimento. Minha calça social era preta... A bota atola e quando mudo os passos... ela joga lama para cima, tal qual uma pedrada na água.

Na margem do rio, algumas plantas secas e umas pedras seguraram o corpo. Olhar o rio correndo devagar e barrento traria uma calma, mas, aquele corpo boiando de bruços, tornou o quadro melancólico.

Não sei como se chama aquelas plantinhas que descem na correnteza, parecem alface e quando era criança, achava que dava para comer.

Bombeiros já estavam saindo apressados...

— *Ei, ei,eiiiii... Ajuda aí vai.... Só tem ele e eu pra pegar....*

— *Estão a fim de procurar outro corpo... O menino aqui não sabe nadar... (Risos)*

— *Nem brinque... (Ajudante)*

Infelizmente, a bota só serviu até a margem... Inevitavelmente a água vai até o joelhos... Luvas nas mãos... Viramos o corpo... Por um dia e uma noite no rio, P já estava se desfigurando. O que um dia foi um rapaz cheio de planos e sonhos.... Reduzido a um monte de carne inchada, roxa e soltando espumas pelos orifícios.

— *Melhor pôr a tampa, antes de passarmos pelos curiosos na margem.*

O caminho de volta até o rabecão foi mais difícil. Afundando na lama e a preocupação de não derrubar o baú e deixar o corpo cair... Já imaginaram ? Deus me livre de passar essa vergonha. Mas que deu raiva deu... Um bando só olhando e murmurando e nada de ouvir:

— *Posso ajudar?*

Mas tem mais... Já abrindo o carro para colocar o corpo, vêm os folgados abutres.

— *Abre pra gente ver!!*

Abrir a cabeça de vocês com um soco... Folgados!

— *Caramba, olha minha meia ensopada, como vou calçar os sapatos agora? (Ajudante)*

— *Só você, né?*

Eu também estava irritado, molhado e o pé parecia uma pererecca... Molhada e gelaaaaada.

Eu é que não ia pôr meus pés com as meias molhadas em meu sapato sequinho. Levar aquele corpo afogado até o IML me causou uma gripe. Infelizmente, eu não participei de sua autópsia. Mas, no dia seguinte, fui buscá-lo. Preparar P para sua despedida... Sempre é só mais um trabalho.

Imagino, vendo seu corpo no caixão, nu, com uma costura no abdome e com o *rigor mortis* atingindo o seu ápice. Difícil limpar e vestir um corpo assim.

O que aconteceu?

Como pode se afogar em um lugar tão calmo? Sabia que você estragou o churrasco da galera? E agora, vai deixar todos na saudade... Vão passar mais uma noite chorando por você...

Nessa conversa, já está quase vestido.

Flores... um pouco de perfume de pinho e está pronto. P vai para sua última viagem. Vá em paz, P.

Colher o que plantou

Eu podia ter dito logo:
– *Suma, não quero mais te ver.*

Mas eu queria ver como ia ser na hora que ele fosse levado. Quando retiro corpos em um necrotério, como o do Hospital de Base, tenho que estar preparado. A moça que faz a liberação colabora pouco, fica mais preocupada em ficar mexendo no celular que olhar para o que eu faço.

Geralmente, os "morgues" (necrotérios) ficam em um lugar mais afastado do público. Nesse Hospital de Base, era bem escondido, uma porta grande de chapas de ferro, pintadas de cinza e um cadeado de tamanho exagerado. Afinal, quem quer entrar em uma sala cheia de corpos?

Nesse dia, o movimento estava bom, seis macas com corpos estavam alinhadas em L., do canto esquerdo para o direito e descendo em direção a porta. Alguns, manchados de sangue, com os corpos ainda vazando. A moça de cabeça baixa, olhando para o celular e dedilhando como se sua vida dependesse do que estivesse escrevendo, me daria um tempo para achar o que vim buscar.

Era só procurar e ler o papéis que estavam pregados com fita, em cima dos lençóis que cobriam o corpo, depois era só levantar o lençol e confirmar com a foto do documento, certo?

Para os outros sim, mas para mim…

Já os via parado do lado das macas ou em cima dos respectivos corpos querendo retornar, como se o corpo fosse seu vasilhame e ele tivesse sido "derramado" dele. Eu sempre deixava o que vim buscar por último, pois retirar o corpo, com toda aquela gritaria dos outros, querendo explicações, me irritava.

Então, eu ia de um em um e os mandava sumir. Os que estavam parados, se lamentando em murmúrios, às vezes, eu gostava de ajudar. Quando faziam isso, já estavam conformados e bem mais próximo dos buscadores.

Jorge estava na terceira maca, da esquerda para direita, quieto, olhando para o lençol manchado de sangue. Nem me notou quando entrei, na verdade, a maioria nem notava. Já estavam cansados de serem ignorados pelos médicos, pelos enfermeiros, pelos guardas e até pelos faxineiros que limpavam o lugar.

Uma gorda esmurrava o peito de seu corpo, nem notava que suas mãos a traspassaram. Seus gritos eram irritantes, foi a primeira que eu mandei sumir. Uma senhora, um negro forte e um senhor chato e ignorante que gritava que tinha direitos, fiz todos sumirem.

Mas um velho japonês, que estava de cócoras e balbuciava umas palavras, me chamou a atenção pela sua calma e sua oração. Tudo bem que eu não entendia japonês, mas sua voz era compassiva e tênue, quase como um canto de louvor. De repente, ele percebeu que eu podia vê-lo.

— *Por favor, por favor, me ajude... O que houve comigo?*

— *O senhor já sabe o que houve... Não há nada que possa ser feito e logo alguém virá para te pegar e levar para ser preparado para o seu velório.*

— *Fique calmo, tente observar e se conformar, isso vai fazer com que seja rápida a sua ida.*

— *Para onde? Por favor, me diga onde?*

Li a folha presa em seu peito.

— *Senhor Ito, o senhor morreu devido a um câncer de boca… In-felizmente, não posso ajudá-lo, pois não serei eu a prepará-lo, mas, como o vi rezando, orando, ou sei lá o que estivesse fazendo, decidi acalmá-lo e dizer para não ficar onde irão preparar o seu corpo…*

Olhei para a moça que ainda estava no celular, eu só tinha uma chance…

Abri a boca do japonês e por sorte, sua essência estava bem próxima das amígdalas, certamente, sua calma ou suas orações já a deixaram fácil de se retirar. Quanto mais desespero e mais gritaria, mais longe e difícil de pegar a essência. Já fui a exumações e vi corpos enterrados há muito tempo, ainda com sua essência se apagando, de tão difícil, nunca foram encontradas. Os buscadores nem se importavam, afinal, não eram eles que passariam a eternidade sem suas essências.

— *Senhor Ito, não costumo fazer isso, mas… Pegue, é sua…*

O velho olhou para meus dedos, o brilho azul de sua essência o hipnotizou.

— *Pegue senhor Ito, isso vai fazer o senhor entender e vai facilitar o seu caminho.*

Assim que ele pegou, um brilho azul intenso o cercou, eu já tinha visto isso várias vezes e com cores diferentes, mas eu ainda ficava maravilhado e pensava:

— *Qual será a cor da minha?*

Espero que isso demore para ser respondido.

— *Senhor Ito! Suma, não quero mais te ver…*

Ele sorriu e desapareceu.

Como eu disse, no começo, minha vontade era de mandá-lo sumir. Mas Jorge… Esse eu quero ver. Jorge era um cara safado, um vagabundo que espancava sua mulher e as duas filhas. O excesso de cachaça demorou para levá-lo. Mas sua hora chegou. Vocês tinham que ver como ele estava desesperado próximo ao seu corpo. A visão de seu corpo se esvaindo em sangue, devido à cirrose, era o suficiente para que se arrependesse de ter levado uma vida de bebedeira.

Mas... Quando ele percebeu que eu podia vê-lo... Sua hostilidade voltou. Era até engraçado como ele tentava me agarrar e dizer que eu era obrigado a fazer alguma coisa.

Mas minha conversa com ele seria na mesa de preparação. Como eu disse, poderia pedir que sumisse... Mas eu queria ver até onde sua violência iria. Devido ao inchaço e à cirrose, teria que ser feita a substituição de seu sangue, por um preparado especial para quem morre de cirrose, hepatites ou qualquer outra doença do fígado.

– *O que você deu ao velhote?*

– *Não finja que não me vê... Eu vi você dando alguma coisa ao velhote japonês, e depois, ele ficou feliz e sumiu!*

– *Dê para mim também... Quero sumir daqui... Quero acordar desse pesadelo!*

Não aguentei....

– *Você não vai acordar desse pesadelo, Jorge, você está morto e vai ficar assim pela eternidade, ou seja, lá, o tempo que for necessário para que você aprenda.... O que não posso te explicar.*

– *Você não vai mais voltar a ser o valentão que enchia a cara de cachaça e descontava sua frustração e violência em sua família, Jorge... Nunca mais.*

– *E se eu fosse você... Começaria a se arrepender.*

Isso o deixou mais irritado ainda. Porque as pessoas não entendem? É tão difícil assim, entender que vamos colher o que plantamos? Eu sabia que ver o processo de preparação, causava um desespero na alma que visse os procedimentos. Embora isso não as afetasse em nada, afinal, já estavam mortas. Jorge não tinha ido para o IML, sua morte já era esperada por todos, menos por ele. Então, como a morte não foi violenta ou suspeita, foi direto para o necrotério do hospital, onde o peguei.

Ele não ia ver seu corpo aberto da garganta até quase a virilha, mas a preparação, eu ia fazer questão de mostrar. Coloquei seu corpo na mesa, com ele ainda gritando e esbravejando nos meus ouvidos. Liguei a mangueira da mesa e comecei a lavar o sangue de sua boca e nariz... Ele começou a sorrir.

— *Vai me dar banhinho, vai?*

— *Esfrega bem minhas costas!*

Suas risadas não iam durar muito tempo. Fiz questão de pegar a maior pinça.

— *O que isso?*

— *O que vai fazer com isso na minha garganta?*

— *Argggg!*

Jorge parecia sentir a pinça de 30 centímetros vasculhando sua garganta. Eu podia massagear e fazer sua essência vir para cima, mas... Achei melhor não. Afinal, ele tinha parado com aquele sorriso idiota.

— *Tá tudo bem aí, cara?*

Ele estava encostado à parede com as mãos na garganta ou achava que estava. Era até engraçado como eles achavam que doía, que sentiam algo. Quando peguei sua essência, quase tive pena dele. Parecia uma pedra de carvão, preta e sem brilho. Se fosse algo físico, poderia até sujar minhas luvas.

— *Jorge... Eu não devia, mas... Pegue... É a sua essência.*

— *Saia da sala, você não precisa ver isso.*

Com um gesto grosseiro, ele pegou e jogou no chão sua chance de mudar as coisas.

— *Não quero esse lixo... Quero algo brilhante como você deu ao velhote!*

Máquina já cheia com o líquido. Fui até a mesa e com o bisturi, fiz um corte em sua coxa direita.

— *O que é isso.... Você está louco, me cortar assim?*

Segurando sua perna e andando feito bobo pela sala, até parecia mesmo que sentia dor.

— *Jorge, pegue sua essência e entenda o que se passa, antes que seja tarde demais.*

— *Vá para o inferno, cara, é você que está me sacaneando.*

— *O que eu te fiz?*

Jorge não entendia, por mais que eu tentasse, sua natureza, sua alma, ou seja lá o que for, não entendia. Eu tinha medo de não saber explicar, passar para quem ali estivesse o que era necessário para seguir. O que dificulta é que eles não se lembram de quase nada, e a essência ajuda no processo. Mas a de Jorge... Acho que nem ele queria lembrar do que fazia.

— *O que é isso?*

— *Precisa disso tudo?*

Jorge não entendia, mesmo tendo sido um canalha, sua família ainda queria vê-lo da melhor maneira possível em sua despedida. Achei que ao ver seu caixão enfeitado, com flores e a roupa que ele mais gostava, uma camisa oficial do Corínthians, ele fosse meditar e tentar se conformar, mas ele estava cada vez mais irritado.

Sua essência jogada no canto da parede, como se fosse uma pedra sem valor. Peguei-a e mais uma vez, tentei convencê-lo a reagir.

— *Jorge... Só você pode fazer isso, voltar a brilhar, você precisa fazer isso, senão...*

Nem terminei de falar, ele já voltou com sua ironia.

— *Senão vai me matar?*

— *Novidade para você, cara.... Eu já estou morto!*

Voltei até o corpo e coloquei sua essência no caixão, sua boca já estava costurada...

Senão ia pôr de volta em sua garganta.

— *Espero que ao ver sua família no velório, você entenda o que precisa ser feito, Jorge, seu tempo está acabando.*

— *Eu poderia nem estar mais te vendo, falando com você e tentando te ajudar.*

— *Mas quero ver....*

Achei melhor não dizer. Quando chegamos no velório, todos chorando, sua esposa e suas filhas que ele tanto maltratou em vida, eram as mais tristes. Eu esperava que depois de uma noite sendo velado, ele melhorasse, mas eu sabia que não tinha jeito... Jorge ia pagar tudo que fez em vida.

Do carro, pude vê-lo tentando falar com sua esposa. Pulava e gritava nos ouvidos dela. Sorte que ela não podia mais ouvi-lo. Entendi que por mais que ele tivesse chances, sua maldade e sua vontade de culpar a esposa eram maiores. Às nove da manhã do outro dia, hora do enterro, eu quase o mandei sumir.

— *Última chance, Jorge... Conseguiu entender?*

— *Já fecharam seu caixão e assim que começar a descê-lo para a cova, meu amigo, será tarde demais!*

De novo com seu sorriso irônico ele disse:

— *Vai me matar?*

O chão sob seus pés começaram a ficar pretos e se derretendo como piche quente, aos poucos, ele foi afundando. Com um prazer, quase beirando a maldade, eu disse a ele:

— *Tarde demais, Jorge, agora você vai saber que existe algo pior do que a morte!*

Tentáculos surgiram do piche, em toda sua extensão havia dentes afiados que se fixaram em Jorge, arrastando-o, aos poucos, para dentro do piche. Jorge não poderia mais gritar, tentáculos entravam por sua boca, saindo pelos olhos, nariz e o envolviam cada vez mais.

Cheguei perto e disse:

– Suma, não quero mais te ver!

Jorge se foi em uma fumaça negra como a noite. Eu não sabia para onde... E nem quero saber.

---------- ◊ ----------

Quando pensamos que já vimos de tudo...

À s vezes, ouvir histórias e depois contá-las é mais emocionante, às vezes, revoltante e até comovente. Tive a oportunidade de conhecer um companheiro de profissão em uma dessas cidades do interior.

Um lugar calmo, belas paisagens e, no caminho, um rio que quase me fez perder as horas. Fiquei por minutos, que pareceram horas, observando o leito correr lentamente por entre árvores e barrancos. Já, já, aquela vaca cai no rio!!! Fui pedir informação para uma senhora que conversava com outra pela grade de uma escola.

— *Senhora uma informação, por favor? (Eu)*

— *Um minute, meu filho... Já falo com você! (Senhora)*

Quase desisti de fazer a pergunta, depois de ouvir o resto da conversa dela.

— *Então, Cleide... Amanhã, vou internar cedo... Vão retirar parte do meu fígado... Tantos centímetros de meu intestino e mais não sei o quê. (Senhora)*

— *Sei que vão ser quatro cirurgias em uma só. (Senhora)*

— *Vai com fé, Lourdes... Não há de ser nada!! (Outra senhora)*

Como assim nada? Vão trucidar a mulher por dentro... (Pensei eu) De repente, a mulher me vira e diz:

— *Então, meu filho... O que quer mesmo? (Senhora)*

Minha cara já meio sem graça.

— *Ahhhh, então... Sabe onde fica uma clínica, que... que... faz preparação de corpos? (Eu)*

– *Haaaaaa, sim, a clínica do velho careca? Eu te levo lá, pois se eu te explicar, você não acha, é meio escondido.*

Uma vontade de rir quando ela disse, "velho careca"... Mas segurei.

E lá vamos, a senhora e eu, conversando... De repente, ela segura no meu braço e diz:

– *Desculpe, filho, mas acabei de chegar da quimioterapia e estou meio zonza. (Senhora)*

– *A senhora tem câncer onde? (Eu)*

– *Intestino, mas se alastrou pro duodeno e mais num sei onde... Disse o médico. (Senhora)*

Metástase à vista, pensei eu.

– *Vai fazer o que lá, meu filho? (Senhora)*

– *Eu trabalho com preparação de corpos, senhora, e vou ver um trabalho lá. (Eu)*

– *Espia aquele muro verde, viu? (Senhora)*

– *Sim. (Eu)*

– *É bem do lado. (Senhora)*

Na despedida... Não me contive e disse:

– *Obrigado, senhora, melhoras e espero que demore a precisar de alguém como eu...!! (Eu)*

A senhora sorriu alto...

– *Tomara, meu filho, tomara... Vai com Deus!!! (senhora)*

O lugar era até grande... Um muro todo branco, sem placa... Se não fosse pela senhora que me levou... Ia ser difícil de achar. Do lado do laboratório, tinha umas árvores frutíferas e um bando de gansos presos em um cercado enorme. O senhor careca apareceu... Eu ainda estava com vontade de rir.

– *Achou fácil aqui? (Velho careca)*

– *Moleza!!*

– *Viu como foi fácil de achar? Era só perguntar onde é a clínica do Branco.*

Quem me conhece sabe... Perco o amigo, mas não perco a piada.

— *Hããã, não foi bem isso não... Já não segurando mais a risada...*

— *Achei aqui porque me disseram: "Clínica do velho careca"!!!*

— *Quem foi que me sacaneou??*

— *Esqueça... Vamos ao que interessa. (Eu, dando muita risada.)*

Conversamos bastante... Mas café que é bom nada!!! Mas um caso que ele me relatou é a razão desse conto. Certa vez, ele recolheu um corpo, sem identificação, e levou para o IML da cidade vizinha. Eu nunca tinha visto tal coisa acontecer e nem imaginaria que tal coisa pudesse existir!!! Depois da necrópsia, ele teve que ir buscar o corpo e.... Pasmem!!

Disseram a ele:

— *Não sei onde o senhor vai colocar este corpo, mas aqui não pode ficar, pois não pode ficar corpo de outra cidade aqui. (Atendente)*

— *Mas e o acordo que tinha entre as cidades? (Velho careca)*

— *Fulana de tal tem que assinar... (Atendente)*

E lá vai ele falar com a fulana de tal. Fulana de tal, brincando com o papel, fazendo canudo e quase amassando o documento, pergunta:

— *Então, o senhor quer guardar um corpo em nossa geladeira, e quer que eu libere? (Fulana)*

— *É o que está no documento, esse aí que a senhora está brincando e quase amassando. (Velho careca)*

— *Que funerária é mesmo? (Fulana).*

— *Funerária XX... (Velho careca)*

— *Ahhh, se fosse funerária YY esse papel já estava assinado. (Fulana)*

Nem preciso dizer o que isto significava, não é? Resumindo... O corpo ficou dentro do carro de recolha por 3 dias e 2 noites!!! Durante o dia, na calçada e, à noite, no pátio. Depois de 3 dias, os vizinhos já sentiam o cheiro.... E nada da fulana de tal liberar. No terceiro dia, em frente à funerária a polícia, bombeiros e a TV estavam lá... Tinha até gente vendendo algodão doce!!!

Depois da entrevista do velho careca, choveu de ligação em seu celular... Do nada, apareceu vaga na geladeira!!!

Só para vocês saberem, a reportagem não foi ao ar... Bons entendedores saberão a razão!!!

E assim foi mais uma tarde de conversa ao pé do abacateiro, até que chegou mais um corpo... Só mais um serviço.

Querem saber se era homem, mulher, criança, do que morreu ou se estava feio? Fica para o próximo conto!!!

Corintiano

Alguns sabem que sou santista, mas sou não daqueles fanáticos que vão ao estádio e ficam tristes se o Santos perde. Mas, às vezes, me surpreendo com muitos torcedores e suas famílias, capazes de tudo para honrar a vontade de um torcedor falecido.

Já vimos aqui o caso de um são paulino. Este conto tem origem em uma cidade do interior, longe da loucura da capital, com seus carros buzinando na cabeça da gente. Até mesmo da algazarra de domingo, em dia de clássico. Domingo de manhã, acho que nem acordado eu estava ainda. Esperando o café passar pelo coador de pano, modéstia a parte, eu sei fazer um café delicioso.

Como era domingo, interior, sabem como é... Bem em frente à funerária tinha a igreja da pracinha. Típica... degraus de pedra, uma porta enorme de madeira já bem velha, pintada inúmeras vezes, a torre principal onde fica o sino e aquela "baita" cruz e duas torres menores dos lados.

Logo cedo, as beatas já chegando, com suas Bíblias e terços grudados ao peito e o sino tocando... Blem... Blem... Blem...

Parece que gritava:

– *Vamos, vamos, a missa já vai começar.*

Eu gostava de me sentar na frente e observar o movimento, enquanto tomava o meu café. Ainda na metade, quando chega um carro, desses novos modelos que cabem quatro pessoas bem apertadas... Acreditem! Desceram sete desse pequeno guerreiro.

Era a esposa de um médico que havia falecido noite passada no hospital de uma cidade há 200 km. O doutor e sua família eram corintianos roxos. Todos com a camisa do timão, tinham relógios, pulseiras, bonés até os bancos do carro com listras pretas e brancas (feio "pra caramba").

Mas, enfim...

— *Moço, nosso pai faleceu a noite passada em outra cidade, precisamos trazê-lo para enterrar. Quanto isso vai ficar? (Filho)*

— *Vamos ver a urna que vocês vão querer (Como se eu não soubesse).*

Logo de cara...

— *É essa!*

Uma urna com o escudo do Corinthians, claro!! Escolher a urna foi a parte fácil. Eu mesmo fui buscar o corpo com a cunhada do falecido, pois e esposa e os filhos não estavam nada bem com a morte do pai.

Por ser um hospital particular, achei que o corpo estaria em um necrotério com geladeira... Enganei-me.

O corpo estava em um "barraco", enrolado em um lençol que um dia foi branco. Eu fiquei com vergonha de chamar a cunhada para reconhecer e liberar o corpo. O sangue vazava pelos ouvidos, boca, nariz e sabe-se mais porque lugar... Fiquei indignado...

— *O amigo... me traz outro lençol, por favor!*

— *Para quê? (Segurança)*

— *Preciso... Por favor.*

Meio sem graça, ele me trouxe outro. Consegui limpar um pouco o doutor.

— *Como pode isso?*

Um lugar desses, chique, com carrões no estacionamento, deixarem os corpos assim? Sorte que só fui uma única vez lá. Perguntaria o que ele acharia, se visse como foi tratado.

Já na funerária, depois de examinar o corpo, avisei a família... Ou fazemos a tanato ou sepulta logo. O doutor era um senhor forte, 48 anos, cabelos pretos bem curtos e barba bem-feita.

Depois de formolizar e suturar o corpo veio o banho final.

Gosto de conversar com o corpo nessa hora. Perguntar o que ele acharia, se visse como foi tratado. Afinal, voce é um doutor...

– Tem uma mansão e um carrão da hora... Como deixou eles te jogarem naquele lugar assim?

Será que não sabiam que além de doutor, você era corintiano? Falta de respeito com quem tem um mundial de brincadeira... Nem vem... Sem a Libertadores, não vale (naquele tempo, o Timão não tinha comprado uma Libertadores ainda). (Risos)

Mas não liga não... Aqui tem respeito, doutor, sou santista, temos as mesmas cores... Só temos mais títulos mas... Isso agora não importa. Pronto aí... Só vestir o uniforme e ir para o jogo. Perdeu este... Mas vai jogar em belos gramados, agora, com certeza.

O velório é bem próximo à funerária e ele vai de carrinho pelas ruas da cidadezinha...

Fogos, muita gente vestindo a camisa do timão... Parecia a concentração ou a chegada do craque do time. No dia seguinte... Quase precisou de outro caixão só para colocar as camisas que ele ganhou para levar aonde quer que fosse jogar.

Adeus, doutor... Bom jogo.

Olhos

Eu tenho uma mania. Gosto de abrir os olhos dos corpos que faço. Não consigo ser como a maioria que trabalha comigo, os corpos chegam e vão, como se fossem uma peça em uma linha de montagem.

Talvez até seja... Mas não para mim. Por isso, gosto de fazer os corpos sozinho, sem ajuda e sem pressa. Gosto de observar tudo. Cada corpo conta uma história.

No IML, em que fiz o meu estágio, tinha um médico muito bom. Ele dizia:

— *Vamos falar com o pessoal? (Doutor)*

— *Hoje, temos cinco visitantes para atender até as 11 da manhã. (Doutor)*

Eu não via a hora.

Do corredor, antes de chegarmos ao vestiário, já podíamos ver as macas. Algumas com saco de cadáveres prontos para serem abertos. O barulho do zíper, de um saco de cadáver é único. O que será que nos aguarda? Como estará o corpo?

Também havia alguns cobertos com lençol. Eu me arrumava rápido. Bota, avental, touca, luva de borracha, óculos e minha máscara. E ficava lá na porta. Olhando... Pensando...

Uma visão perturbadora para muitos. Saber que muitos ali, há poucas horas, estavam nos braços de alguém. Estavam trabalhando. Tinham saído para pagar uma conta.

Não olharam para atravessar a rua?? Reagiram a um assalto?? Foi assaltar alguém?? Devia para o tráfico, por isso, agora, está assim... Todo queimado? Cara, se não sabia nadar, por que foi pular no rio? Enfim.

Mas quando chega um corpo à funerária para ser preparado e ele vem sem os olhos... Aí eu fico sem jeito. Não que eu me importe, como já disse várias vezes: Isso é só um trabalho! Já tive vários corpos, sem pernas. Já tive vários corpos sem braços. Até mesmo sem a cabeça!!! Mas, sem os olhos, isso me incomoda.

Braços e pernas, nós cobrimos com flores e o manto. Se vier sem cabeça, lacramos e tudo bem.

Mas colocar aqueles moldes de olhos é decepcionante. Ela foi achada no mato, 40 ou 50 metros longe da rodovia. Um andarilho foi procurar abrigo ou um lugar para suas necessidades e a achou.... Estava suja, ainda com as roupas e tinha os olhos comidos por algum animal. Uma grande marca no pescoço. Marcas de pequenos dentes no rosto... Mais algumas horas e nem rosto ela ia ter. Cabelos lisos, pretos como a noite... Qual era a cor dos olhos? Como foi parar lá?

— *Isso não é de nossa conta... Já estão investigando e a família quer sepultar ainda hoje, vai fazer ou quer que eu faça? (Outro cara)*

— *É meu horário, responsabilidade minha e eu estou aqui para isso.*

— *Cadê as roupas dela?*

Como seria sepultada logo, foi bem simples de fazer. Uma passada de água com a mangueirinha para tirar a terra e algumas folhas. Como foi autopsiada, foi bem rápido. colocar os moldes nos olhos... Odeio!! Vestir. Maquiagem leve, pois a roupa não escondia as marcas no pescoço. Antes de levá-la, pensei: "Dizem que os olhos são as janelas da alma... Como pode um animal comer suas janelas?" Mas me lembrei... O povo fala muitas bobagem!!!

Agora ela deve estar vendo paisagens bem melhores do que quando tinha os olhos de carne....

Nisso, eu boto fé!!!

---------- ◊ ----------

Quem vai primeiro?

Quantos já disseram aos seus amados ou amadas: Quero ir primeiro"! O medo de perder a pessoa amada nos faz ser egoístas a ponto de desejar morrer, antes dela. Quantas roupas de esposas e maridos já peguei das mãos de seus parceiros e o ouvi murmurar: "Poderia ter sido eu primeiro."!

Seria amor ou medo do que vem depois? Enfim, como sou preparador de corpos e não psicólogo, deixo para suas imaginações. Mas, às vezes, a vida prega uma peça, e não com tanta raridade, isso acontece.

— *Bom dia. (Filha)*

— *Minha mãe tem um plano funerário aqui com vocês e ela está no hospital com câncer terminal e eu gostaria de já ir adiantando tudo, para evitar dor de cabeça na correria. (Filha)*

Nisso chega o pai da moça.

— *Já escolheu, filha? (Pai)*

Que parada sinistra essa, como assim? Adiantando tudo? Já escolheu? Vão dar uma festa?

Estão escolhendo uma roupa? E a velha lá no hospital, pronta para bater com as 10 (ainda não entendi esse termo mas é bem usado). Ah! Muitos também dizem: Abotoar o paletó de madeira.

Enfim... fiquei pensando, como pode isso? O pai e a filha pareciam estar em uma loja no shopping olhando roupas...

Sei lá. Tudo acertado, caixão, véus, flores, velas... Só faltava o principal: A mãe morta!!!

(Um palavrão meu)... indignado... Não pelo adiantamento da coisa toda... Mas pela forma de ser feita:

Acho que ainda hoje trago a D.O, para vocês retirarem o corpo e fazer a preparação. (Filha)

Como ainda tinha umas 4 horas para acabar meu turno, fui também adiantar a sala... Chegou um corpo!! Não era ela... Um homem baleado... Feito e despachado e nada da "encomendada". Acabou meu turno... No outro dia, perguntei: Já foi a "encomendada"? (Risos...)

– *Não, nada dela. (Dono)*

Corpos vem... Corpos vão e por mais três dias... Nada. Quem eu vejo entrando, chorando e toda de preto? A filha. Bom... Vou lá buscar a "encomendada"...

– *Tem como trocar o caixão e a cor dos ornamentos? (Filha)*

Parei...

Caramba!!

É shopping mesmo?? Trocar?

Nem acabei de pensar...

– *Meu pai faleceu essa noite e vou usar o que preparamos para ele e, depois, vejo para minha mãe, se puder!*

O que é a vida? O velho escolhendo... Sem saber que ele iria usar primeiro que a esposa!!! Perdoem-me... Mas até hoje, brota um sorriso em meus lábios ao lembrar deste fato. A filha, agora, parecia mais com uma filha de verdade... Chorando, triste e de luto pelo pai.

Em breve, pela mãe? Isso conto depois... Na preparação do corpo... Eu fiquei pensando.

Há poucos dias, te vi amigo... Andando... Escolhendo. Agora, você já não tem mais escolha. Agora, o que escolheu para a sua esposa... Vai ter que usar. Ela? Não sei... Aliás, nem sei se vem... A velha é durona, "tá" querendo vir não!!

De qualquer forma, vamos fazer essa barba... Esconder esse roxo do rosto e fechar bem essa punção, né? Não queremos que isso atrapalhe a sua despedida. Vai que ela cisma de se encontrar com você logo? Tem que estar "bunitão"... Do que escolheram, só troquei a cor dos paramentos, de vermelho para um azul bem escuro.Chamei o cara que ia levar o corpo para a despedida. Pode levar... O "encomendador" foi antes da "encomendada". A vida é cheia de graça, concordam?

Lambanças!

Primeiramente, quero deixar claro que todos nós cometemos erros. Os fatos aqui descritos, em nenhum momento, representaram falta de cuidado ou habilidade de se conduzir o trabalho. Tão pouco foi por brincadeira ou diversão. Qual de vocês não teve aquele dia em que tudo deu errado? Levantou-se de manhã com o pé esquerdo, como diz o ditado. Às vezes, isso acontece...

Vou descrever fatos constrangedores, mas são fatos que ocorrem, seja por falta de cuidado ou azar mesmo!!! Estava eu no final de um serviço normal, o cadáver já estava limpo, formolizado e já no caixão, pronto para ser arrumado.

– *Tá meio torto ele, cara... Arruma aí!! (Ajudante)*

– *Só puxar um pouco ele, para ajustar. (Eu)*

Peguei no braço do defunto e puxei... Mas... Era um daqueles dias... Tinha pequeno furo na veia do braço... Invisível... Sei lá... De onde apareceu...Veio um jato de sangue bem fino.... Pegou em meu rosto... No avental... Tomei um susto danado. Corre esterilizar... limpar... Ver a ficha do cadáver... Um porre!!

Como era sangue com formol, a preocupação foi mínima. Para vocês saberem... Era um furo de agulha bem fina. Talvez, uma injeção dada pouco antes da morte. Esses momentos me irritam muito, quando é minha culpa, imagine quando a culpa é dos outros!

Recebi um chamado para ir buscar uma perna amputada para sepultar. Isso mesmo, uma perna!! Geralmente, depois de alguns dias, o dono da perna vai em seguida. Particularmente, eu não gosto de ir em necrotérios de hospitais. Geralmente, são os seguranças ou alguém da administração que vai com a chave, isso quando não te dão as chaves e dizem:

– *Se vira!!*

Esse pessoal tem medo de entrar no necrotério, te ajudar a pôr o corpo no caixão de retirada e até de ajudar a pôr no carro. Enfim...

– *A perna está numa caixa em uma das mesas, só pegar. (Segurança)*

Só pegar? Tá bom, então, se está em uma caixa, não vou precisar de luvas né? Às vezes, a gente faz cada besteira que dá vontade de se esmurrar. Mesa 01, tinha uma senhora vítima de câncer, mais tarde, venho pegá-la.... Mesa 02... Um acidentado de moto... Na mesa 03, a tal caixa. Peguei a caixa.

Vocês já pegaram em uma coisa assim, às cegas e sentiram algo viscoso, frio e irritante nas mãos?

– ************** que **** é essa? (Eu dizendo muitos palavrões)*

– *Não colocaram a perna em um saco antes?*

A caixa se desfez e a perna caiu na mesa... Não antes de me ensopar as mãos de sangue.... Espirrar em minha camisa limpinha. E eu sem luvas... Lembram do que escrevi mais acima? Se não lembram... Releiam. Imaginem a raiva...

Por que fui confiar e achar que tudo tinha sido bem feito? De novo, corre atrás de álcool... Detergente... A ficha da perna... Que porre!!!

Era de uma senhora diabética... 62 anos... Infelizmente, dois dias depois, eu fui buscar o corpo dela. Mas isso me deixou com raiva de quem fez aquele serviço malfeito. Amenizado com a meia culpa que tive por não pôr as luvas. Trapalhadas acontecem até por parte dos que comandam as coisas.

— *Hummm, esse corpo vai precisar de um impermeável por baixo, pega lá no estoque por favor? (Eu)*

— *O gerente disse que não precisa. (ajudante)*

— *Como não? (eu)*

— *Falou para ele que é hemorragia interna? Vai vazar por toda parte por mais que tampone. (eu)*

Eu tinha certeza, assim que eu começasse a aspirar... Ia vazar. Batata!! (Quem conhece este termo?). Vi a mancha vermelha surgir entre as pernas do corpo. Corre e pega o impermeável... Depois do leite derramado ou melhor o sangue vazado, corre né? Pior foi retirar o corpo do caixão (quando não é formolizado, o corpo pode ser aspirado no caixão).

Por onde? Um corpo pingando sangue desse jeito e precisa ser logo!!!

— *Coloca no chão mesmo... Fazer o quê? (Uma patetada dessa)*

Resultado!

Caixão sujo... Chão sujo... Botas sujas...E o corpo no chão. Tudo por causa de um simples impermeável. Patetada do chefe dessa vez. Depois do corpo ter ido para o velório e a limpeza da sala ser feita, falei para meu ajudante:

— *Da próxima vez... Só faz o que eu te peço e pare de puxar o saco do gerente!!!*

Mas tem algo pior! Cheguei atrasado, certo dia, e na pressa do cara que saía, ele me deu a ficha e explicou por cima o que tinha que fazer.

— *Já está no carro o caixão com o corpo, é só levar, está aqui a ficha, os parentes já estão no velório esperando. (Cara)*

Peguei o carro e fui levar o corpo. Cheguei ao velório, aquela choradeira de sempre, a mesa com cafezinho já estava pronta. Chique até.

Diferente de algumas que só têm bolachas água e sal, essa tinha bolos, croissants (será que escreve assim mesmo?), torta salgada e mais umas coisas gostosas.

Mas a vergonha veio mesmo quando perguntei:

— *Vocês são os familiares da Senhora Fulana de tal?*

Uma cara de espanto deles... A minha foi pior, com o que responderam:

— *Não... Somos familiares do Ciclano!!*

Tentem imaginar a situação. Eu ali com uma cara de *****, olhando para eles e olhando para o caixão no carro. Travado... Sem saber o que dizer. Por que não olhei dentro? Por que não fui na sala ver se tinha mais corpos?

Na minha ficha, era a Fulana de tal. Mas a família esperava o Ciclano. Como não sou muito de nhenhenhe, decidi. Vamos pôr o caixão no pedestal, abrir e ver quem é. Ajudem. Lá veio os chorosos, sem saber se choravam pelo defunto certo. Desparafusar a tampa do caixão e torcer para ser o corpo certo. Imaginando a vergonha que ia ser...

Chegou a hora... Não posso mais fingir que o parafuso não sai. Que frio na barriga... Defunto errado ou ficha errada? Abri... Quase de olhos fechados, nem estava olhando para dentro do caixão... Só ouvi o choro aumentar... Ufa!!! Era o Ciclano!

Aliviado, até passou a raiva do outro cara ter me dado a ficha errada. Cheguei na sala, estava lá a fulana de tal, ainda na mesa me esperando para prepará-la. Que susto... Ainda bem que não era a senhora, né? Imaginei o que ela responderia se pudesse.

Fugir nunca é o caminho

Recolher corpos achados depois de vários dias tinha alguns inconvenientes. Primeiro, a alma poderia ter se cansado e ido procurar ajuda. Como não se lembram onde procurar, vagam pelas proximidades até que encontram alguém e o seguem, gritando e querendo serem ouvidos. Segundo, se ficarem por muito tempo, torna-se mais difícil a compreensão e o reconhecimento dos familiares.

A terceira era a decomposição mesmo, cheira mal pra caramba! Em uma bela tarde, fomos atender ao chamado da polícia. O corpo era de uma mulher, cabelos escuros e compridos.

Pelo estado do corpo, estava jogada ali por uns três ou quatro dias. Eu olhei bem em volta e não vi nada. Saindo bem devagar com a perua, tendo o cuidado de olhar bem para os curiosos, pois ela poderia estar entre eles. Nada.

Bom, não sei porque estou procurando, se ela se foi, melhor para mim, assim não perco tempo explicando, ajudando.... Ah! Que tempo? Se o tempo não passa quando falo com eles!

– *Caramba, onde esses cachorros estão latindo tanto, está ouvindo?* *(Meu ajudante)*

Estava tão preocupado em procurar que nem notei o barulho da cachorrada latindo. Vocês já viram cachorros latindo à toa, para o vento e sem motivo algum? Na maioria da vezes, é uma alma ou coisa pior, que eles estão vendo. A "coisa pior" fica para o próximo livro, quem sabe.

Ela estava encostada em um barranco, com as mãos na cabeça, como que tentando tapar os ouvidos e com muito medo dos cachorros.

– *Oooo, o que vai fazer?*

Meu ajudante deve ter achado que eu estava maluco, ao parar a perua e sair gritando com os cachorros.

– *Moço, pelo amor de Deus, o que está acontecendo comigo, estou confusa, meu corpo está lá embaixo e eu não sei o que fazer... Esses cachorros não me deixavam voltar desse sonho ruim.*

– *Senhora, não é um sonho, eu sinto muito mesmo, já estamos com seu corpo no carro e vamos levá-lo para o IML.*

Pensei em mandá-la sumir... Mas achei que não devia, com sorte, ela teria um plano com a funerária e eu poderia ir retirá-la depois da necrópsia e ajudá-la a achar o caminho. Essa semana, já tinha mandado muitos sumirem, era hora de uma boa ação. A dificuldade maior era saber quem ela era, depois de tanto tempo jogada assim, era difícil trazer a lembrança de volta.

Mas em cidade pequena é só colocar a foto de alguém em uma rede social e todo mundo já sabe quem é. Dois dias depois, fui ao IML buscar dona Isabel. Ela estava no canto da câmara fria, onde os corpos necropsiados ficam esperando até que venham retirá-los para preparação.

Ela e mais cinco perdidos, que como de costume, mandei sumir. Não posso ajudar todo mundo que morre, né?

– *Dona Isabel, vim buscá-la para a preparação, sua filha já acertou todos os detalhes do velório.*

Retirar um corpo da câmara fria sozinho era trabalhoso, se ao puxar o corpo para dentro do caixão, ele batesse com muita força, era capaz de rachar a cabeça, ou pior, abrir a sutura da autópsia, já que o corpo estava bem adiantado em sua putrefação. Ia fazer uma sujeira danada, ainda mais porque trouxe o caixão que a família tinha escolhido.

— *Eu tenho uma filha?*

— *Ela veio me buscar?*

A tentação de pedir a ela que sumisse era grande, ter que explicar que ela tinha filha, marido, e até uma neta aos 37 anos era complicado. Ainda mais que... Morreu tentando fugir de sua casa. Havia discutido com a filha e saiu sem rumo. Perdeu-se, um ataque cardíaco inevitável.

Ficar perdido e morrer em uma roça, não é nada agradável. Principalmente, esperando o corpo cheirar tão mal para ser encontrada. Com o corpo já apodrecendo, era só chegar na funerária, lacrar o caixão e levar para o enterro direto. Minha esperança era que com sua essência recuperada, ela se lembrasse do necessário para seguir o caminho. E claro, esperar que seus buscadores fossem do bem.

No caminho até a funerária, preferi ficar quieto, só voltaria a falar com ela na hora em que eu pegasse a essência.Pelo menos ela estava quieta.

Nem foi para a mesa, depois de jogar bastante pó de café dentro do caixão (sim, usamos pó de café nos corpos em decomposição, para amenizar o cheiro), pedi ao ajudante para pegar alguma coisa na outra sala, precisava pegar a essência, e como não a vi dentro da boca, teria que arrumar uma desculpa para fazer um corte em sua garganta... Como se lembram, o desespero, faz a essência se arrastar até o fundo da garganta.

— *Rápido, me traga mais algodão, linha e a agulha de sutura, preciso costurar aqui...*

Já tinha escondido a luz roxa clara, que tinha pego em sua traqueia.

— *Venha, dona Isabel, segure isso, por favor.*

Ao colocar a essência em suas mãos, um pouco de seu juízo voltou, me pareceu um pouco arrependida, ainda se lamentava o fato de ter fugido. Como não entendo nada de cores, talvez essa cor roxa deva significar arrependimento e quem sabe seus buscadores levem isso em conta. Ela não tinha muito tempo, praticamente, ia direto para a cova, o caixão lacrado não ia dar muito tempo a ela.

A luz roxa, bem clarinha que saía dela, não me animava... Cor estranha, sem emoção... Sei lá. E ela também era muito calada para uma morta, geralmente, falam, esbravejam, choram... Ela não, estranho!

À beira da sepultura, somente a filha e a neta estavam presentes, o marido não apareceu... outro fato estranho. Quando o caixão começou a descer, dois policiais surgiram em uma luz roxa intensa e algemaram dona Isabel.

Um exagero de correntes em minha opinião. Braços e pernas acorrentados e uma corrente que prendia seu pescoço aos braços e aos pés. Dona Isabel só chorava... Quando pensei em falar alguma coisa, a luz desapareceu, junto com dona Isabel e os policiais. Não entendi nada.

Mas quando fui saindo, a sua filha me chamou.

— *Moço, voce que retirou o corpo de minha mãe quando a acharam?*

— *Sim, senhora, eu sinto muito.*

— *Não sinta, moço... Por um acaso, ela tinha algum dinheiro com ela?*

— *Os peritos não acharam nada, senhora, nem documentos, tanto que a senhora foi reconhecê-la depois de dois dias lá no IML.*

— *Sim, tem razão... Então, perdi as esperanças.*

— *O que houve, senhora?*

— *Meu pai está internado e ela sumiu com todo dinheiro que eu tinha economizado para pagar a operação dele, agora... Quem sabe daqui a poucos dias, eles estarão juntos, não é?*

Pensei comigo: "Não, eu acho que não..."

Solidão

Muitas vezes, nessta vida dura, queremos ficar sozinhos. Há momentos que só de ouvir a voz de alguém, já nos basta para perder a paz. Quantas vezes nos isolamos em nosso casulo, cheio de problemas e mágoas bobas, afastando de nós as pessoas que nos amam?

– *"Saia daqui, não quero ver a sua cara". - "Nem fale comigo"*
– *"Vá embora..."*

São frases ditas em momentos de raiva e agressividade, muitas vezes, exageradas, por motivos torpes e sem cabimento nenhum. Graças a Deus, muitos se arrependem a tempo para não precisarem passar pelo que o senhor Mário passou.

Senhor Mário era um velhinho faceiro, que morava em um asilo, no interior. O tempo que ficou no asilo, se encarregou de perder sua história. Ninguém mais se lembrava de como ele foi parar ali, por incrível que pareça, nem as boas irmãs freiras que administravam o asilo, sabiam direito de sua história.

Senhor Mário nem ligava para como foi parar ali, passava a maior parte do tempo sentado na varanda, fumando seu cigarro. Volta e meia ganhava um maço de lgum parente, de seus amigos que ali estavam, já que nunca recebia visitas.

Imagine, vocês, viver entre velhos abandonados à própria sorte, que poucas vezes viam seus filhos e parentes que ali os abandonaram. Via seus semblantes tristes, muitos sentados em sofás rasgados, com cobertores coletivos e resto de comida babada nas roupas. Muitos com fraldas por trocar. Mas toda história tem seu fim.

A história de "seu" Mário acabou de uma forma melancólica. Todos os dias, as voluntárias que faziam a limpeza e cuidavam dos bons velhinhos, faziam a chamada para o café. Antes olhavam o papel na prancheta na guarda da cama com instruções. Seu Chico não pode comer isso, pois tem diabetes... Seu Alfredo, teve os movimentos do corpo comprometidos por um AVC e não pode comer sozinho, tão pouco se trocar e sua cama sempre está suja.

Seu Mário... Seu Mário não se mexia... Todo dia, ele era o primeiro da fila, adorava molhar o pão no café com leite que lhe traziam. Não neste dia. O telefone tocou.

— *Podem vir buscar mais um? (Freira)*

Era normal, volta e meia, visitávamos o asilo para retirar os abandonados. O que eu mais achava engraçado era que nos velórios de muitos desses velhinhos, apareciam muitos filhos, irmãos e parentes distantes para chorar...

Seu Mário foi diferente...

Depois de limpo, preparado e arrumado no caixão, ninguém apareceu para chorar ou para ajudar a carregá-lo. Foi preciso chamar as ministras da igreja para encomendar sua alma. Tudo tão forçado, me parecia ser feito como uma obrigação. Eu não conhecia "seu" Mário, mas estava lá, de pé e imaginando como seria ruim ter vivido assim, sozinho...

Dizem que precisamos de seis amigos, pois o caixão tem 6 alças. Seu Mário não tinha nem um. Sem velório, sem funeral, sem ninguém para lamentar por ele. Só eu no seu enterro. Para levar o caixão até a cova, chamei os coveiros para ajudar. Nem uma flor, nem um lamento, só o silencioso som das cordas usadas para baixar o caixão na cova.

Na volta, passando pelos túmulos, eu pensei: Qual teria sido a história de "seu" Mário?

Não tive tempo de pensar muito... Meu telefone tocou... Outra história havia chegado ao fim... Só mais trabalho para mim.

Adeus, "seu" Mário.

Nada é o que parece

Já falei para vocês que eu adoro a madrugada? Claro que já, mas não canso de repetir. A madrugada é tão fascinante. Não para quem está em casa dormindo ou vendo algum programa idiota na TV. Mas para quem faz o que eu faço, a madrugada pode ser marcante de várias formas. De longe, eu já via a muvuca. Carros de polícia com seus giroflex ligados, dando um ar de balada na escuridão.

Os cigarros dos curiosos lembravam vagalumes com suas luzes para lá e para cá. E a rodovia ao lado, com seus faróis vindo e suas lanternas indo davam quase o toque final na noitada.

Se não fosse o grande luminoso do posto de combustível entregar, todo mundo diria que era uma baile daqueles. Da janela do carro de recolhimento, eu vi os "convidados" para a festa. Olha, era muita beleza e glamour para um posto de beira de estrada. Quase uma *Fashion Week*...

Cada uma mais maravilhosa que a outra, sapatos de salto alto, minissaias, cabelos bem arrumados e um perfume de deixar rastro.

Mas acaba por aí. Logo vejo. Usando um sutiã bem apertado, um shortinho minúsculo e uma sandália lhe apertando os pés. Cabelo bem cuidado, barriga definida e no rosto uma maquiagem bem forte.

Saindo debaixo da cabeça, uma grande mancha vermelha ia aumentando aos poucos. Sobre seu olho esquerdo, a marca fatal. Um buraco feito por uma arma de fogo.

– Vamos começar logo e liberar o corpo para você levarem para o IML. (Perito)

– Único disparo a curta distância, sem orifício de saída, tatuagens no antebraço e no peito, sem mais marcas e sem os documentos, como sempre ninguém viu nada ou quase nada.

– O cara parou o carro e chamou ela... (Alguém falando)

– Nossa não falou nada, só atirou e fugiu! (Outro falando)

Levamos o corpo para o IML e como estava sem documentos, após a autópsia foi para a geladeira. Ficou por lá quase uma semana.

Iosmar é violento, ladrão de carga e matador. Em uma cidade vizinha, ele matou dois caras e roubou mais de cinco cargas já. É o que diziam. Pode brincar não, com esse cara.

Depois de cinco dias, encosta um carro na porta da funerária. Uma senhora desce, bem arrumada, óculos escuros, um maquiagem leve, um vestido verde bem clarinho preso com um cinto, desses bem chiques, sapatos de salto alto, colares e pulseiras davam o toque final no visual de madame.

Bem diferente de suas companheiras... As três, todas espevitadas, cheias de trejeitos e um escandaloso jeito de falar e olhar.

– Melhor vocês esperarem no carro! (Senhora)

Confesso que me surpreendi com o tom da velha senhora, e mais ainda ao ver as três apavoradas, correrem para o carro. Tudo acertado.

– Pega o ajudante, vai lá retirar o corpo, preparação básica e já leva para sepultar, pois os pais já estão esperando no cemitério. (Dono)

Depois de retirar o corpo e trazê-lo para a funerária, eu observo meu ajudante quieto, pensativo e meio distante. Meu ajudante era o tipo quieto, religioso até demais e acreditem, incapaz de falar palavrões.

– O que foi Zé? (Eu)

– Nunca viu? (Eu)

– Para ser sincero sim, é a primeira vez. (Ajudante)

– O que está pensando? (Eu)

– Como pode isso... Da cintura para cima, parece uma mulher e da cintura para baixo é um homem!!! (Ajudante)

– Isso aí, esse é o Iosmar, vulgo Shawna. (Eu)

Shalna era um travesti que fazia ponto no posto à noite, junto com outras travestis, aquelas que descrevi no começo. Mas Shawna é Iosmar, um travesti bandido, matador e ladrão de carga. Por isso, levou um tiro na cara e caiu duro, no posto onde fazia ponto.

– Agora, para de olhar e vamos terminar logo isso.

No cemitério, os pais já esperavam, vieram do Nordeste para enterrar o filho. Ladrão. Assassino. Travesti.

Não consigo descrever o rosto de seu pai. Um nordestino de mãos calejadas e personalidade esculpida na dureza da vida nordestina, enterrar um filho nessas condições.

E nós achamos que só nossos problemas é que são difíceis. Vamos agradecer a Deus?

Fujões

A pesar da maioria não conseguir enxergar o que está à sua volta, é fácil saber se estão presentes, te rodeando, observando e, de alguma forma, tentando estabelecer contato. Quem nunca sentiu um mal cheiro e não sabe de onde vem? Apesar de verificar que está tudo limpo, procuramos de onde vem o fedor e não encontramos.

"Deve ser o ralo do banheiro ou sifão da pia." Pode não ser bem isso... Pode ser um parente falecido ou até mesmo a alma andante de um vizinho próximo, que voce nem sabia que havia morrido.

Os buscadores não saem dos cemitérios para buscar os fujões. Fora do cemitério, existe algo pior do que buscadores que podem destruir uma alma andante. Mas isso fica para depois... Afinal, não queremos estragar a surpresa. Raramente, um fujão sai para fora dos muros do cemitério. Os buscadores sabiam o momento exato de aparecer e levar a alma para seu destino.

Grande parte delas ficavam até o fim do enterro, tentando consolar os vivos ou se lamentando por ter morrido e nem percebiam sua chegada. Mas de vez em quando, aparecia um espertinho, que não ligava a mínima para o que tinha ocorrido e tentava se aventurar para fora dos muros. O fato de poderem entrar e sair de onde bem entenderem, era como um sonho, sendo realizado.

Mas, o Universo, Deus, ou seja lá no que for que voce acredita, tem um mecanismo para trazer de volta esses fujões.

O que acontece com o corpo depois do enterro, passa a acontecer com a alma.

Somente o mau cheiro, não era suficiente para levá-las de volta ao cemitério. Mas quando o corpo começava a se decompor e os vermes apareciam, aí sim, o fujão voltava em um piscar de olhos. Imagine, voce sentindo milhares de bichinhos percorrendo seu corpo, ou a sensação de que vai explodir devido aos gases. Se isso não os levasse de volta, tinha uma coisa que certamente os faria voltar correndo, se tivessem chance... Os caídos.

Segurem suas curiosidades, ainda vou falar muitos dos "caídos". Quando me deparava com alguns desses fujões, eu os mandava sumir, afinal, cada um com seus problemas. Se eu não agisse assim, certamente, estaria em algum manicômio, dopado em remédios e preso em uma camisa de força.

Já imaginaram vocês andando na rua e um doido te chamando para avisar que tem uma alma te acompanhando ou em pleno ônibus lotado começar a apontar para um vazio e dizer: Tem um morto ali?

Na hora, chamariam um psiquiatra. Era bem mais fácil ser frio e agir como se nada tivesse acontecendo. Afinal, para a maioria, nada estava acontecendo mesmo. É como diz o ditado, "o que os olhos não veem, o coração não sente".

Pois eu vos digo:

Podem até sentir, mas não acreditam.

Olhando de uma forma diferente

Quando ando pelas ruas, eu observo cenas que estão diante de todos. Cenas corriqueiras, algumas tão normais a ponto de passarem despercebidas por muitos. Muitas delas capazes de arrancar sorrisos de uns, olhares de pena de muitos e causar indiferença na maioria.

Diferente de outras profissões, a minha me faz enxergar bem mais, do que realmente se vê. Não imagino um padeiro, pedreiro, mecânico, engenheiro, professor... E por aí vai, a ver as coisas como eu vejo. Talvez, um médico ou enfermeiro sim, posso imaginar mais ou menos, o que vejo nessas cenas.

Certo dia, estava esperando um ônibus em uma rodoviária, dessas de cidadezinha do interior. Mal cabem os passageiros na plataforma de embarque e quando o ônibus chega é um corre-corre de gente sem educação. Parecem que estão com o pai na forca, como já diz o ditado popular.

Não respeitam nem os idosos, chegando a ponto de derrubá-los às vezes. Essa rodoviária, além de minúscula e ter somente três lugares para o embarque e desembarque de passageiros, era suja e fedorenta. Com aquelas vendinhas que sempre vemos em lugares assim, onde os famintos podem comer aquela coxinha, que vai ficar uma semana sendo digerida ou pior ainda, causar uma grande e constrangedora dor de barriga.

Esse meu defeito de observar as coisas e as pessoas, às vezes, me fazem sorrir sozinho. Longe de mim ser ignorante ao ponto de me achar melhor do que qualquer um que seja, mas observar as pessoas comendo, fumando e, até mesmo, falando alto, me deixa aliviado por não agir igual a elas. Pelo menos, não que eu me lembre. (Risos)

Nesse dia, havia um bêbado jogado no chão. Digo jogado, pois o infeliz não conseguia se levantar, nem tão pouco dormia e ficava gritando palavras que não posso escrever aqui. O coitado estava todo sujo, as solas de seus pés estavam mais pretas que o asfalto. Sua calça jeans surrada, com os fundilhos molhados, certamente, nem com uma semana lavando aquela calça, ela ficaria limpa. Nem vou falar da camisa... Seria desrespeitoso demais.

Seu rosto todo preto de sujeira, em sua boca podia-se contar 2 ou 3 dentes, quando ele a abria para berrar mais um palavrão.

Até aí todos podiam ver certo? E o que eu via mais? Via ele na minha mesa. Um destino certo, poderia demorar o tempo que fosse. Via seu peito todo aberto. Imaginei seu fígado todo danificado com a cirrose, que toda aquela bebedeira, certamente, estaria lhe causando.

Já tive vários assim. Já limpei pedaços de fígado que saía pela boca de quem teve espasmos ao dar seu último suspiro. Imagino também ele com a cabeça estourada por um daqueles paralelepípedos soltos no chão, daquela rodoviária imunda. Arremessado por um de seus amigos, que agora, só se aproveitavam de sua bebedeira para revirar seu bolsos.

Já contei, aqui, que o primeiro cadáver que vi, foi justamente o que teve seu cérebro espalhado por um bloco de concreto. Quem quiser ler, está em um dos meus contos. Também imaginei ele sendo atropelado por um daqueles ônibus, já que se ele rolasse para baixo de um deles, seria impossível vê-lo.

Já retirei sangue batido e cheirando a álcool da caixa torácica de um bêbado, com uma concha dessas de cozinha. E por fim, imaginei seu corpo ainda saindo fumaça. Já que há seres humanos tão desprezíveis a ponto de jogar gasolina e incendiar um desses bêbados que não fazem mal a ninguém, exceto a eles mesmos.

A imagem de uma pessoa bêbada, caída seja onde for, não deve ser motivo de sorriso, indiferença e nem de uma certa pena fingida. Ela precisa de um apoio, antes que as cenas que eu descrevi se tornem realidade. E esse apoio tem que vir da família e dos amigos. Depois, ouço as pessoas à beira do caixão dizendo:

— *Só mesmo morrendo para ele parar de beber.*

— *Coitado, sofreu tanto com a bebida, mas agora, descansou.*

— *Devíamos ter internado ele.*

Deviam isso, deviam aquilo. Eu penso: "Deviam?" Pois agora, já não podem mais agir. Pelo menos, não por quem já está no caixão. Então, sorte sua que ainda pode agir e, graças a Deus, se você não precisa agir.

A razão de tudo

Eu nunca tive curiosidade de saber a razão disso tudo. De poder vê-los, ouvi-los e do total domínio da situação. Nunca fui incomodado. Quando eu queria que desaparecessem, era automático.

Podiam ser almas, buscadores, caídos, e outras coisas que existem depois do "fim". Mas como sempre, tudo tem uma explicação, uma razão e, cedo ou tarde, ela chega. E para mim, ela chegou.

Em um dia normal de trabalho, esperando acabar um velório de um desses que mando logo sumir, pois tem dias que não estou de paciência, decidi andar e conhecer o cemitério. Uma cidadezinha pequena, como as que eu mais gostava de trabalhar, tinha várias casinhas sobre os túmulos. Pareciam mini-varandas, com pisos, flores, vasos e até brinquedos em algumas. Velas acesas, imagens de santos e as fotos dos que ali estavam.

Mas uma me chamou a atenção. Uma grande cobertura de telhas vermelhas bem no meio do cemitério, um túmulo todo de mármore vermelho. Sobre o túmulo, quatro cachorros enormes dormiam sossegados. Cães e gatos adoram cemitérios, principalmente, se seus donos estiverem enterrados ali.

Esses animais podem sentir e ver as almas, buscadores e os caídos. Quem nunca viu um cachorro latindo para o "nada"? Ou um gato com o rabo eriçado e assustado, olhando fixamente para alguma coisa? Os quatro deviam estar sobre o túmulo do dono.

– *Bom dia, amigo.*

Olhei para trás e vi um senhor de chapelão com um so-
bretudo encardido.

– *Bom dia, muito frio aí?*

– *Na verdade, as coisas vão ficar bem quentes.*

Quando ele colocou a mão sobre meu ombro direito,
senti um calor, como se me tivessem jogado água quente. Rapidamente, olhei para o relógio, o ponteiro dos segundos estava
parado. Voltei meus olhos para o velho.

– *Suma, não quero mais te ver.*

O velho sorriu e disse:

– *Não desta vez, amigo, não desta vez.*

– *Você tem a marca e temos muito que conversar.*

Passe a mão sobre meu ombro direito e pensei: "Como
ele sabe da minha mancha vermelha?" Uma marca de nascença,
uma mancha vermelha que pega por todo meu ombro direito
sobe um pouco até meu pescoço.

– *O que você quer, Velho?*

– *Por que não vai embora como os outros?*

Virei as costas para o velho fui saindo, mas dei cara com
os cachorros me cercando.

– *Sumam, pulguentos!*

– *Não gosto de bater em animais, mas vocês estão merecendo!*

Fixaram imóveis, como estátuas peludas em minha frente. Olhando bem de perto, pude ver seu olhos vermelhos e
minha marca começou a arder.

– *Droga!*

– *Me diga de uma vez, Velho… Isso vai acabar mal para mim?*

O velho se aproximou e disse:

– *Sempre acaba mal para alguém, não é mesmo?*

– *Mas não se preocupe, ainda não é a sua vez… Mas precisamos
que nos façam favor.*

Apontou-me o grande túmulo de mármore vermelho e, com uns gestos estranhos das mãos, fez um grande e escuro buraco aparecer.

— *Se o senhor acha que vou entrar nisso aí, é mais louco do que eu pensei, Velho.*

— *Nade neste mundo vai me convencer a entrar ali.*

O velho sorriu e com uma calma irritante me disse:

— *Claro que voce não vai entrar ali por nada deste mundo, mas vai entrar pelo outro mundo.*

— *E além disso, os que têm essa marca, jamais fugiram da responsabilidade.*

— *Com certeza, voce não vai ser o primeiro.*

Dessa vez, eu comecei a rir.

— *Quer apostar, Velho?*

— *Mas me diga uma coisa, por que voce não sumiu como os outros?*

O velho sorriu novamente...

— *Isso, meu amigo, vai saber só depois que fizer o que precisamos.*

— *E vai saber mais do que isso, vai saber a razão de tudo isso.*

O velho colocou a mão sobre meu ombro e disse:

— *Vamos?*

Agradecimentos

A Deus Todo-poderoso.

À Minha família.

Aos amigos presentes e aos amigos virtuais.

Aos que contribuíram para que este livro fosse publicado: Maria Lúcia Ferreira, entre outros muitos amigos que, de uma forma ou de outra, colaboraram para este projeto.

---------- ◊ ----------

ESTA OBRA FOI IMPRESSA PELA GRÁFICA POLOPRINTER,
EM SÃO PAULO, NO INVERNO DE 2017. COM SEU MIOLO
IMPRESSO NO PAPEL OFF SET 75 GRAMAS E SUA CAPA
IMPRESSA EM SUPREMO ALTO ALVURA 250 GRAMAS. A
TIPOLOGIA UTILIZADA FOI ABADI MT STD E GARAMOND.

www.ingramcontent.com/pod-product-compliance
Lightning Source LLC
Chambersburg PA
CBHW070510130626
46555CB00003B/1241